あなたの魂が
教えてくれること

「あの世」との おしゃべり

the Planet from Nebula

KADOKAWA

人は死にません。
肉体が朽ちるだけで、
あなたの魂は
永遠に生き続けています。

「あの世」から
「この世」の地球に
遊びに来て、
また「あの世」に戻る。

それを繰り返しながら
「この世」で魂を
磨いているのです。

なぜそれを
知っているのか？

私が何度も
生まれ変わった記憶を
持っているからです。

はじめに

ANOYO to TALK

「あーあ。なんでこんな所にきちゃったんだろう。道のりは長いなあー」

生まれた時、そんなことを考えていた。

「元気な赤ちゃんが生まれましたよー」

白衣を着た女性がそう言って私を白い布に包み、抱きかかえた。ベッドに横になっていた別の女性が目を潤ませてこっちを見ている。

上向きに抱っこされた目線からは天井の白いツブツブが見える。あれは何だろうと思ってじっと見ていたら、

「あら、生まれたばかりなのに、まるで遠くが見えるみたいね」

と、こっちを見て目を潤ませていた女性が言った。その声は聞き覚えがあった。自分がお腹の中にいた時に聞いていた声……！　どうやらあの人は自分の母らしい。

「お母さん、よろしくね」

挨拶しようと思って声を出したけど、出てくるのは泣き声だけだった。

「また始めからやりなおしか。こりゃあ大変だなあ……」

そんなことを考えてちょっとうんざりしていた。


5歳までは、自分がまだ子どもだっていうことに違和感があった。だってその時の私は、過去世のことをよく覚えていたから。

ある過去世では、私はネイティブ・アメリカンの男性だった。この時のことは何度も何度も夢に出てきたので、未だによく覚えていた。いつも決まって中年男性で、長い髪にカラフルなヘッドバンドをしていた。一族のシャーマンのサポーターのような役目をしているらしく、いろんな集落を旅してまわっては、さまざまな知恵を広めたり、新しい知識を得ているようだった。

もう一つ、繰り返し夢で見ている過去世があった。その時の私は第二次世界大戦中に生きたユダヤ人男性だった。彼は歌とバイオリンの才能があって、ぁだ名が〝息／空気〟と言った。ユダヤの音楽界では〝息／空気〟と称されるのは非常に名誉なことだったらしい。彼は強制収容所に入った後も歌声で多くのユダヤの心を癒していたようだった。今は思い出せないけれど、小さい頃は本名もちゃんと覚えていたし、当時彼が着ていた服もはっきり思い出せていた。当時の記憶のせいか、未だに狭くて暗い部屋に押し込められたり、スチームを当てられたりすると恐怖を感じる。

5歳まではお母さんのお腹に入る前の記憶もあった。生まれてからその日までのことも5年分、1日ごとに詳細を全部覚えていて、「3歳の○月○日は何をしていた」と答えられていた。

でも幼稚園に通い始めた頃、記憶がどんどん上書きされていった。小学校に入り、夏休みの日記を書いていてびっくりした。たった1週間前に何をしたかも思い出せなかったからだ。

「ああ！　もう思い出せない。もう自分は前に戻れなくなっちゃった！」

って驚いたのをよく覚えてる。

ほかにも、小さい時から不思議な体験をしていた。よく夢の中に白い女性が出てきて、「起きなさい」と言うので、起きると必ず地震が起きていた。だからよく母に、「地震が来るよ」と言って起こしに行っていた。夢だけではなく、現実の中で、姿は見えなくてもその人がこっちを見ているのがなぜか感じられることもあった。そのことを母に話して、女性の風貌を伝えると、「それはきっと亡くなったあなたの伯母《おば》さんだよ」と教えてくれた。あとで伯母の写真を見せてもらったら、確かに夢の中に出てきた女性だった。

伯母は、私が引っ越す時も、転機が訪れる時も事前に教えてくれた。もう一人、坊主頭で軍服を着た男の人が、よくそばにいたことを覚えている。肉眼では見えないけれど壁のところに立っていて、その姿があちこち動くのがわかるので、子ども心にとても怖かった。でも私のことをよく助けてくれる人で、遅刻しそうなときに夢の中で「ほら、起きて」と言って、鍵をジャラジャラ鳴らして起こしてくれたこともあった。

家族に聞いたら、その人は第二次世界大戦で戦死した親戚だったようだ。夢の中で「自分が亡くなった時の資料がアメリカにあるはずだから、調べてほしい」と言われたので、調べたら本当に出てきた。その夜から夢の中でとても優しくなり、「ありがとう」と言って花の絵の葉書を私にくれたりしていた。

私はその親戚の姿を目で見たことはなかったのだけれど、家族の一人が亡くなる前に実際に霊の姿で見たらしい。

さまざまな不思議な体験をしていたおかげで、子どもの頃からあの世は身近な世界に思えていた。そして、あの世とこの世の関係がどうなっているのか、詳しく知りたいとずっと思っていた。

その答えを真剣に探し始めたのは、7年前だった。

当時、完全に人生に行きづまっていた私は、

「人はどうしてこの世に生まれるんだろう？　あの世ってどんなところ？」

といつも考えていた。

その頃私は、夢の中にいながらそれが夢だとわかる「明晰夢《めいせきむ》」をよく見るようになっていた。明晰夢では五感が研ぎ澄まされ、３６０度全方向が見渡せる。目が覚めてからもその時の感覚を鮮明に覚えている。

ある日、明晰夢の中で、私はあの世に行き、自分のスピリチュアルなガイドと出会った。たまごの形をした、ちょっと変わったガイドだ。

そのガイドが、私の頭の中にテレパシーでささやいたり、明晰夢や現実でさ

まざまな人と私を出会わせたりして、少しずつあの世とこの世のことを教えてくれるようになった。出会った人の中には、地球外生命体のバシャールもいた。

ガイドが言うには、私は「メッセンジャー」だという。さまざまな不思議な体験をしているのも、あの世の話をこの世に知らせるためらしい。

なぜ知らせるかというと、人類が今から迎える新しい時代に、それらの知恵が必要になってくるからだそうだ。

そこで、私がガイドから教えてもらった、あの世とこの世についての話を、本書にまとめることにした。これからの時代をともに迎えるみなさんにとって、本書がお役に立つならば幸いである。

著者

私がガイドです♡

CONTENTS

目次

「あの世」とのおしゃべり

第1章

ガイドとのコンタクト、はじまる

第2章 ホンモノの自分を取り戻す

第3章 ホンモノの自分の役割は？

第4章 命は永遠。魂に死はない

第5章 自分軸で生きる

第6章 カルマよりもワクワク

第10章 新しい世の中を生きよう！

編集協力／橋本留美
イラスト・図版／逸見早映
本文デザイン／高橋明香（おかっぱ製作所）

第1章

ANOYO to TALK

ガイドとのコンタクト、はじまる

人間にはガイドがついている

ANOYO to TALK

アメリカ北部の私の住む町では、冬は長く、とても寒い。雨と曇りを繰り返し、貴重な日照時間にもどんよりした雲で太陽は隠れ、薄暗い日々が続く。毎日こんな天気では気持ちも沈みがちになる。

その年の冬はいつにも増して憂うつだった。

家族や友人が相次いで亡くなり、仕事でも私生活でもうまくいかない日々が続いていた。さらに悪いことは続き、家族同然の付き合いをしていた親友まで病気で入院してしまい、あと数年の命だと聞かされたばかりだった。私の精神的な疲れはピークに達していた。

そんなある日、会社から急に有給休暇を取るように言われた。休みは嬉しいけど、こんな時にどこかに出かける気力もないし、一緒に行動を共にしてくれる人も見当たらない。

数日間一人で家でゴロゴロしていたら、眠りが浅くなってしまったようで、ある朝うとうとしているうちに、まだ薄暗い時間に起きてしまった。

そのまま眠れなくなり、しょうがなくベッドから起き上がることにした。

外はいつものようにシトシトと冷たい雨が降っている。

「あ~あ。今日はどうしようかなあ。なんか面白いことないかなあ。こう肌寒いと外に出るのもおっくうだし、本も読み飽きたし、映画も見たいものがなくなったし。かと言って何かやりたいことがあるわけでもないし……」

朝から何もすることがなく、うんざりした気分だった。

「まあ、こうやってため息をついてばかりいてもしょうがないな。気分転換にコーヒーでも飲むか」

立ち上がってキッチンに向かい、コーヒーを入れ始めた。

「今までだったらこんな時、いつもあいつを誘ってたんだけどなあ……」

ふと病気で入院中の親友のことを思い出した。

親友は日本人で、私の元ルームメイトだった。とにかく気が合って、ただ一緒にいるだけで心地がよかった。彼が結婚して近所に引っ越してからも、しょっちゅうお互いの家を行き来しては語り合っていた。

「自分が頼れる人間はあいつだけだったのに……」

親友はただの友人とは違って、ソウルメイトとかソウルフレンドという言葉がしっくりくるような、魂のつながりが感じられる特別な存在だった。何でも相談できる、心の支えになってくれる唯一無二の相手でもあった。

そんな彼ともうこれからは気軽に会うこともできなくなる。そして数年後にはこの世での永遠の別れがくる……。これから自分はちゃんと生きていけるのだろうか？　将来に不安しかなく、生きていくことがつらく思えた。

「あーあ。なんで自分は生きてるんだろう。何をしにこの世界にやってきているんだろうか？　そもそも生命って何なんだろう？　人はどんなタイミングであの世に戻るんだろうか？　あいつが早くこの世を去ることにも、何かの意味があるんだろうか？」

いくら考えても答えは出てこない。そのうち急に眠気が襲ってきた。

＊＊＊明晰夢・初めてあの世へ行く＊＊＊

謎の声

これから君をあの世に案内するよ。

どこからか声がして目を覚ました……はずなのに、まだ夢の中にいる。夢の中なのに、なぜか意識は起きた時のようにはっきりとしている。

気がつくと、トンネルの中をものすごいスピードで流れていた。トンネルの先はもやもやした白い霧のようなもので覆われていて、よく見えない。まるでドラえもんがのび太をタイムマシンで案内する時のようだった。

端にはたくさん物が積み上げられていて、それらが私が行く方向と逆方向に向かってゆっくり動いているのが見える。あれは何だろう？　そう思った時、頭の後ろからさっきと同じ声が響いた。

謎の声

これは物体があの世からこの世に誕生するときに通り抜けるトンネルだよ。私たちは今、そこを逆流して、物質化される前の世界に向かってるんだよ。

自分ではない誰かの声が耳から入ってくるのではなく、頭の中に響いてくる。

物質化する前の世界があの世ってことだろうか？　不思議に思っていると、また声が響いた。

謎の声　**そうだよ。**

声の主は私の考えが読めるらしい。まるでテレパシーのような会話だ。トンネルの向こうに光が見えた。間もなく到着するらしい。

「わ、なにこれ、キラキラしてる！」

到着した先は森だった。しかも普通の森ではない。地面はクローバーに覆われ、隙間から見える土がキラキラと発光している、見たこともない空間だった。

謎の声　**着いたよ！　ここがあの世なんだ！**

また頭の中から声がした。その声はまるで歌を歌っているように響く。周りを見回しても、人の気配はない。

謎の声　**探しても私は見えないよ。**

誰もいないけれど、声だけははっきりとわかる。

謎の声　**ほら、あっちに行って。**

声が私に指示を出すので、とにかくそれに従って歩いた。

謎の声　**今度はこっち。**

謎の声　**そこを曲がって。**

なんだかんだ指示がうるさいな……と思いながらも、森の中を素直に進んでいった。

すべてのものに命がある

歩いていると、木々と木々の間に小さい漆黒の池があるのが見えてきた。水の中で何かが輝きを放っているのが遠くからでもよくわかる。

近づくと、光っているものは星だった。

私　**これは何？**

私が尋ねると、頭の後ろの声が言った。

謎の声　**バラ星雲だよ。**

私　**バラ星雲って？**

謎の声　**地球から5000万光年先の星雲で、光がバラのように見えるんだ。生まれ変わってここに住む地球人も多いんだよ。**

その星雲がなぜか池の水の中にすっぽり収まっている。怖いくらい美しく澄んで、見たこともないほどみごとに星が輝いていた。

「底は無限に深いんだろうなぁ」と思いながら、足でちょんちょんと水を触ってみた。水は意外に温かかった。落ちた雫はまるで星屑《ほしくず》のようだ。
その水を両手ですくってみると、キラキラした星屑が、まるで砂がさらさらと落ちるように手の間からこぼれ落ちる。その姿はまるで星屑が命を持って、自分で下に向かっているようにも見える。
「まるで星屑が生きているみたいだな」
そう思ったとたん、また声がした。

謎の声　**雫の一つ一つも、光の粒たちも、みーんなそれぞれが生きているんだよ。水だって、空気だって、光だって、みんな生きているんだ。**

声の主が説明してくれた。

私　**へえ。それって酸素とか水素、もっと言ったら細かい素粒子もみんな生きてるってこと？**

謎の声　**そうだよ。そしてそれらの集合体もみんな生きてる。地球だって太陽だって生きてるんだ。**

なるほどなあ、と思っていると、水の中からカエルが出てきた。

カエル　**あれ？　何か動いてる動物がいるぞ。ここは逃げたほうがいいのかな。**

びっくりした。カエルが戸惑う気持ちがテレパシーで伝わってくる。

私　**大丈夫、君をつかまえる気はないよ。**

カエル　**そうか、安心したよ。じゃあね。**

テレパシーで答えると、カエルにも伝わり、ぴょんぴょんとはねて行った。

次に周りの木がしゃべりだした。

木々　**やっと私たちの声に気づいたね。ゆっくりこっちの世界を楽しんでおいで。**

私は戸惑いながら「ありがとう」と答えた。

謎の声　**あの世では生き物たちともテレパシーで会話できるんだよ。本当は君たちの世界でもできるんだけど、みんな忘れちゃってるんだ。**

謎の声が解説した。そうなんだ！　誰でも動物や植物とコミュニケーションできるなんてすごいな。

すべてのものに命がある――。この世にいる私たちにはなかなか実感できないことだが、あの世にいるとそれがよく理解できた。

池を後にしてまた歩き続けていると、突然、声の主が叫んだ。

謎の声　**空を行って！**

私　**はあ？　何言ってんだい？　行けるわけないよ。**

謎の声　**わかってないな。君たちには〝恐れ〟があり、「重力がある」という〝信念〟があるから、空を飛べないだけなんだよ。あの世では誰だって空を飛んでたんだ。すべては大丈夫なんだから、恐れることはないのに。**

そうなのか、と一瞬安心したものの、なかなか空へ飛び立てない。ちょっとだけ浮き上がることはできたものの、どうしても落ちるのが怖くて、両足が地面をひきずったまま超低空飛行を続けていた。

謎の声　**ほら、恐れを手放せってば！**

声の主は背後で怒鳴っている。

私　**今やってるんだから、ちょっと黙って！**

そうこうするうちに、どこからともなく黒い影がひゅっと現れて、私をつかむと、空まで連れて行ってくれた。見下ろすと街と森が遠くに見える。

「高っ‼」

驚く暇もなく、黒い影はものすごいスピードで空を駆け上がって雲の上まで来ると、パッと私をつかんでいた手を離した。

「ひぃぃ――‼　落ちるっ‼」

もうダメだ！　そう思ったけれど、ほんの少し下に落ちたところで止まった。

どうやら雲の上にのったらしい。

謎のガイド、現る！

雲の上の景色は、まるで童話に出てくる天国そのものだった。

「ここは天国？　……にしても、天使もラッパも見当たらないし、神殿やハープもないぞ。一体どこなんだろう？」

辺りを見回していると、モコモコの雲でできた机の後ろから、マザーグースに出てくるハンプティ・ダンプティみたいなたまご風の人が近づいてきた。ちっちゃな帽子をかぶっている。目は落書きのようにいい加減に書かれた感じで、鼻と口は犬っぽい顔でニコニコしている。よく見ると白衣を着ていた。しかもつんつるてんでちょっと苦しそう。

たまごの人　**ようこそあの世へ〜！**

それはさっきまで私の頭の後ろで響いていた声だった。

たまごの人は短い手をいっぱいに広げて近づいてきた。

私　**わぁ、このたまごが声の主なんだ。**

たまごの人　**たまごじゃないよ、君のガイドだよ。**

私　**ガイドさん？　はじめまして。**

たまごの人につられて私も手を広げ、ハグをした。手が後ろに回らない、なんとも中途半端なハグだった。

ハグした時に、メロディーのようなものを感じた。ガイドの鼓動だった。柔らかな厚みのあるエネルギーに、音が練り込めてあるかのようだ。そしてなんだか懐かしい。

私　**不思議、初めて会ったのに全然そんな気がしない。まるで古くから知っている友人みたいだ。**

私がそう言うと、たまごの人はこう答えた。

たまごの人　**そりゃあそうだよ。私は君のことを生まれる前からずっと見てるんだから。**

私　生まれる前から？

たまごの人　今世だけでなく、過去世からずっとね。地球人としてこの世に生まれてからだけじゃなく、その前に違う星にいた頃、つまり君たち地球人の言う〝宇宙人〟時代もだよ。古い付き合いなんてもんじゃない、気の遠くなるほど長い年月を共に過ごしてるんだ。

私　そんなにずっと見てたの？　なんで？

たまごの人　なんでって、君が人生の目的を達成できるよう協力してきたんだよ。それが私たちガイドの役割だからね。

私　そうなんだ？　さっき道を案内してくれたからガイドさんなんだと思ってた。

たまごの人　みなさ〜ん、右手に見えるのは自由の女神ですよ〜、はい、今からトイレ休憩になりますから、10分後に集合してくださいね〜。って違うっていうの！

ガイドの役割

たまごの人が一人でノリツッコミをしている姿をあっけにとられて見ていると、すぐにマジメな顔になってこう言い始めた。

たまごの人　まあ、ちょっと違うけど、君の人生の道案内役とは言えるかな。君たち人間があの世でこの世の人生をどう送るか考える時も、いつもガイドが手伝ってるんだよ。

私　そうなんだ。でもガイドさんがたまご形だとは思わなかった。

たまごの人　いや、今はこういう格好をして君に見せてるだけ。あの世ではしようと思ったらどんな姿にだってなれるんだ。君たちの物質界では姿を現さないけどね。

私　変幻自在ってわけか。だけどなんでたまご形？

たまごの人　たまごってなんかカワイイでしょ？　丸くて、ツルツルしててさ。

私　……そのセンスはいまいちよくわからないけど、ずっと私を見守ってくれる存在があるって、何だか安心するな。

たまごの人　そうだよ。見えてないだけで、誰にでもずっとその人を守ってくれるガイドがいるんだ。私みたいに何度地球で生まれ変わってもずっと一緒、その前に別の星にいた時も一緒、これからもずっとずっと一緒にいるガイドだっているんだよ。

その言葉は、親しい人たちが亡くなることに寂しさを覚えていた心に、思いがけず深く染みた。

私　人って一人ぼっちに思える時でも一人じゃないんだ。たまご形のガイドでも、そばにいてくれる存在があるって心強いものだね。

たまごの人　だからたまごは仮の姿だって。

私　あれ、だけどなんで今姿を現してくれたわけ？　まさか私を本当に亡き者にしようと、迎えに来たんじゃ……。

たまごの人　いや、違う違う。君が命のこととか、あの世とこの世のこと、いろいろ知りたがってるみたいだから、教えにきたんじゃないか。

私　マジ？　なんで私に教えてくれるわけ？

たまごの人　それは、君にはそれを人に伝える役割があるからだよ。

私　そうなの？　そんなこと全然人に話したこともないけど。第一、命とかあの世の話を聞いてくれる人なんて、周りにそういないよ。

たまごの人　……ん〜、そうかもしれないけど、きっとやってみれば何とかなるよ。

私　まだ何がなんだかよくわからないけど……でもずっと毎日つまらなかったし、まあいいか。ありがとう、たまごさん。

たまごの人　その言い方はやめて。

私　じゃあなんて呼べばいいんだい？

たまごの人　そうだなあ、さっき星雲があったでしょ、星雲は英語で〝ネブラ〟だよね。そこに、卵（ラン）をかけて、〝ネブラン〟とかどう？

ダジャレか、と一瞬思ったが、ガイドがノリノリなので何も言えなかった。

たまごの人　じゃあまた後でね！　See you soon!

たまごはそう言うと、短い手を振り上げてバイバイしながら去って行った。どこか滑稽なその姿を見て、ぷぷっと噴き出しそうになるのをこらえるのに必死だった。

＊＊＊＊＊

あの世のレクチャーはじまる

ANOYO to TALK

「あれえ？　今度は本当に起きたぞ」

次の瞬間、私はソファに横たわっていた。いつの間にか眠っていたようだ。寝ぼけまなこでカップに手を伸ばすと、コーヒーの熱が伝わってきた。ずいぶん長い時間が経ったような気がするけど、それほど眠ってはなかったようだ。

「不思議！　ものすごくリアルな夢だったな」

さっきまでのことを振り返ると、やけに鮮明に感触が残っている。見たもの、聞いたこと、さらにはたまご形のガイドとハグした時の温かな感触、ガイドの鼓動、手が後ろに回らない中途半端な感じ、なつかしいと思った気持ちまで……。五感の感覚に他の感覚も加わって、すべての感覚が倍増したように体験を強烈に感じられる。現実よりもリアリティがあるぐらいだ。

「夢に入る時もちゃんとはっきりとわかったしなあ。面白い夢だったけど、あの世のことや命のことなんて……たまごがそんな複雑な話をこれから教えてくれるわけがないよなあ。第一私が人に伝える役割なんて持ってるわけないし」

そう思って肩をすくめたときだった。

謎の声　**だから、たまごじゃないって。ネブランだってば。**

突然、後頭部から声が響いてきた。

私　**ひぃぃぃ――!!**

驚いてコーヒーを吹きこぼしそうになった。慌てて後ろを振り向いてみたけど、誰もいない。でもその響きは確かにさっき夢の中で聞いた声と同じだった。

ネブラン　**探しても私は見えないよ。今はあの世の時と同じように、テレパシーで君に語りかけてるからね。**

確かに物理的な声ではない。でも自分の頭に、普段の自分の思考とは違う、誰かの声が響いてくる。

私　**どういうこと？　これって現実だよね？　なんで声が聞こえるわけ？　自分の頭がおかしくなった？**

ネブラン　違うって。さっき言ったじゃん、君にこれからいろいろ教えていくって。

私　マジ～？

　いきなり言われて戸惑っていると、早速ネブランが解説を始めた。

ネブラン　さっきみたいに、自分が夢の中にいるのがはっきりわかって、体感も感じられて、起きてからもしっかり記憶に残ってる夢を明晰夢っていうんだ（下図）。明晰夢の中で君はあの世に行ってたんだよ。

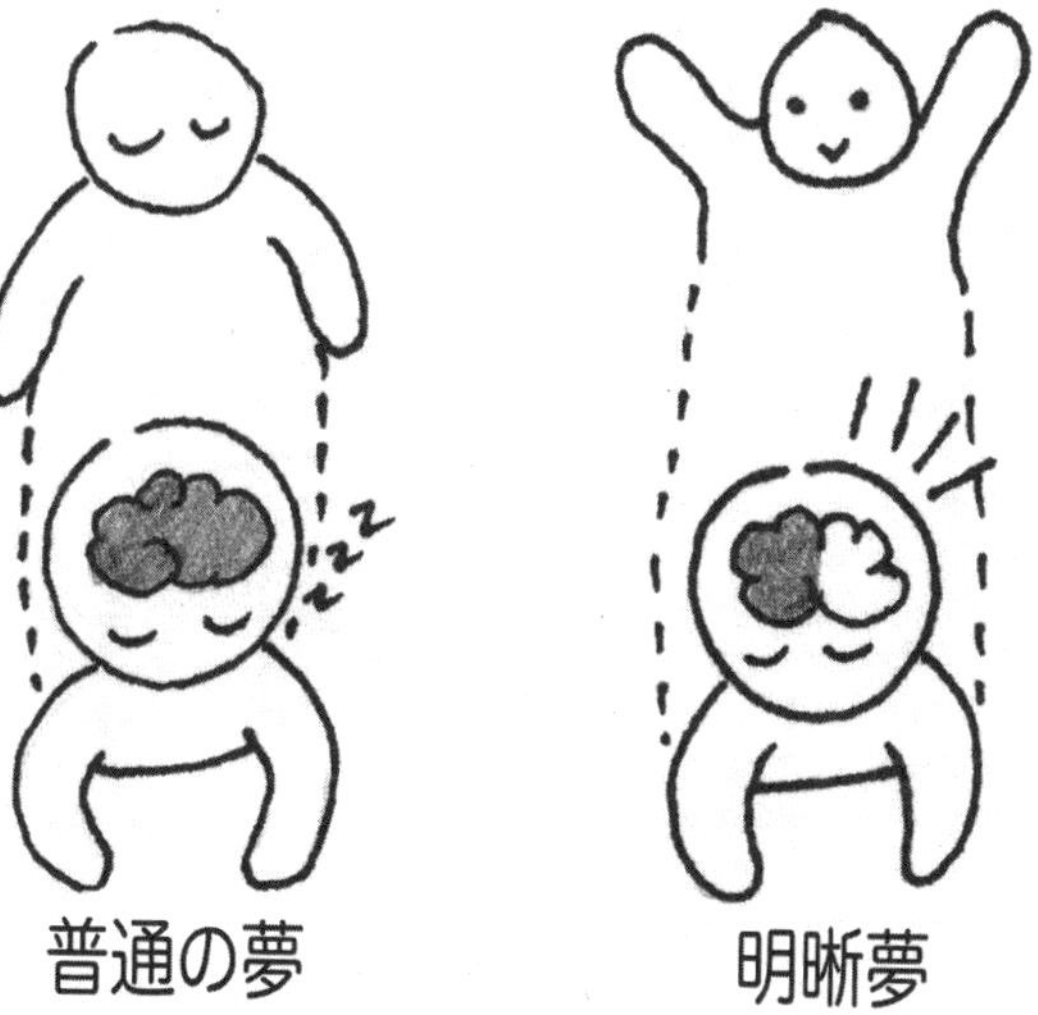

すべてはエネルギーのバイブレーション

私　明晰夢？　あの世？

ネブラン　明晰夢では、あの世とバイブレーションでコミュニケーションを取ってるんだ。

私　バイブレーション？　波動ってこと？

ネブラン　そうさ。すべてのものはエネルギーでできていて、エネルギーがバイブレーションを起こしている。そのバイブレーションを変えることで物質もできてるんだよ。あの世には物質はないけど、バイブレーションの世界は存在しているんだ。

私　物質がバイブレーションでできてる？　そういえば最近の量子物理学でそう言われてるって聞いたことがある！　なんで君がそれを知ってるわけ？

ネブラン　なんでって、そりゃああの世にいるんだからわかるよ。さっき夢の中で、太陽も地球も生きてるって言ったでしょ？　それはすべてのものにエネルギーのバイブレーションがあるってことなんだ。

私　それってつまり……命っていうのはエネルギーのバイブレーションだってこと？

ネブラン　そういうこと。バイブレーションのフォルムを変えることで、水ができたり、草花ができたり、動物ができたりするんだよ（左図）。フォルムを変えると、同じ人間の肉体でも髪の毛ができたり、内臓ができたりするんだ。君たちの思いや感情にもエネルギーがあるんだよ。思考も、アイデアも、お化けも、物質も、全部エネルギーがあり、それぞれのバイブレーションがあるのさ。君が夢の中で私に感じた鼓動も、バイブレーションだよ。

私　なるほどねえ。バイブレーションがあるから、夢の中であの世とコミュニケーションできたってわけか。それって明晰夢の中でしかできないわけ？

ネブラン　いや、私たちはいつもバイブレーションで君たちにサインを送ってい

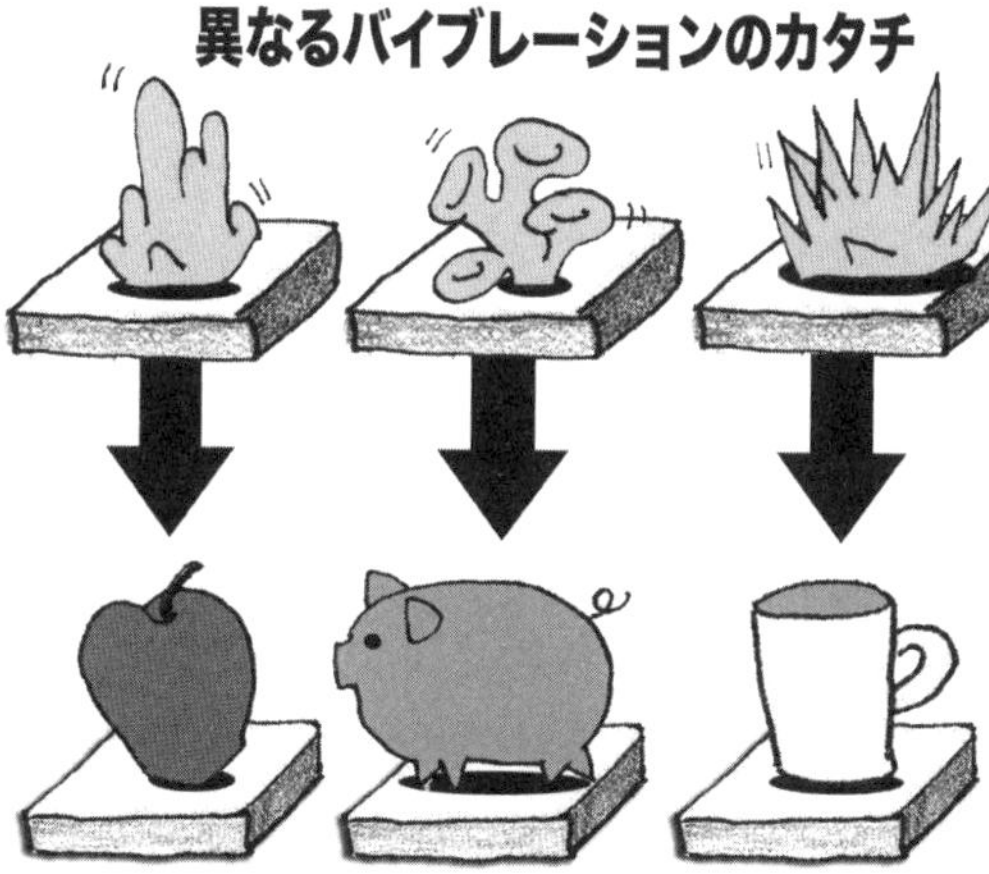

るんだよ。君たちさえ気づけばいろんな方法で受け取れるよ。無意識に受け取
れてる人もいるし、チャネリングで情報を受け取る人もいる。意識すればさら
にコミュニケーションがしやすくなるよ。

私　へえ、そういうものなんだ。

と感心していると、すかさずネブランが言った。

ネブラン　ほらほら、メモ帳、出して！

私　え？　メモ帳？

ネブラン　そうだよ。ほら、今の話、ちゃんとメモして！

私　今？　メモ帳、メモ帳……。

ネブランに促されて、あわてて部屋の中を探したけれど見つからない。

ネブラン　もう～。じゃあ携帯でもいいから。私が言ったことをちゃんとこれからメモっ
ていってよ。これから君に、あの世のことをいろいろ教えていくからね。現実
や夢の中で会う人にもヒントを伝えてもらうよ。中には宇宙人もいるから、楽
しみにしててね！

私　宇宙人？　まさかUFOで地球を侵略しに来るんじゃ？

ネブラン　それはハリウッド映画の見すぎ。そんな怖いものじゃないよ。あの世には君の

想像もつかないいろんな存在がいるからね。時々さっきみたいに夢の中に出てくるけど、君が起きても覚えていられるようにするから、目が覚めたらちゃんとメモってね。わかった？

私　わ、わかったよ。

まだ半信半疑だったが、ネブランのやたらと前向きな声に押されてしぶしぶ携帯を取り出した。メモをしはじめると、不思議とさっきの夢のこともまだしっかり覚えていて、すらすらと文章が出てきた。

ガイドはたくさんいる

そうしてメモを取っていると、ネブランに聞きたい質問がでてきた。

私　ところで、私のガイドってネブランだけ？

ネブラン　いや、一人の人間にたくさんのガイドがついてるんだよ。

私　へえ、それってみんな私が生まれるずっと前から一緒なわけ？

ネブラン　そういうガイドもいるし、一時的なガイドもいるよ。私みたいにずっとあの世にいる存在もいれば、この世で人生を経験した人もいる。宇宙人ってこともある。ガイドにはいろんな種類があるんだ。

私　そんないろんな存在がどうやってガイドになるの？　宇宙人なんて全然関係なさそうだけど。

ネブラン　その時その人間がしようとしてるトピックに合わせてガイドが自分で決めるんだ。ガイドにも得意分野があるから、同じ興味を持つ人だったらサポートがしやすいんだよ。

例えば、もし君がピアノを弾くことにすごくワクワクして「もっとうまく弾きたい」と思っていたら、「じゃああの人を助けよう」って、同じようにピアノを弾くことにワクワクするガイドが集まってくる。そして君にピアノの弾き方を教えたりしてサポートする。

ほかにも、今、失恋して悲しい想いをしてる人がいるとするよね。そんな時、自分の人生でも同じ想いをしたことのあるガイドが、あの人を助けようって言ってやってくることもある。自分の経験から、どういうふうに立ち直ったらいいかわかるからね。

地球人が今どういう方向に向かうか迷っていたら、「自分たちも経験した道だからアドバイスを与えよう」って言って宇宙人がやってくるとかね。

私　それって、あの世では私がピアノが好きとか、失恋したとか、みんな逐一わかってるってこと？

ネブラン　あの世の世界はエネルギーの世界だから、人間のエネルギーのバイブレーションが見えるのさ。それで君たちが送っているエネルギーをキャッチして、自分に通じるものがある人のところへ行くんだよ。君がピアノにワクワクしてたら、共通のエネルギーを感じたガイドがそこにポッと現れることができるわけ（下図）。だからガイドと君たちは共通の何かで引き寄せあってるのさ。

私　へえ、そういうもんなのかあ。じゃあ子どもの頃からよく夢に出てきて、私を助けてくれる親戚たちは？

あの人たちもガイドなの？

ネブラン　そうだよ。君を助けたい、君を守ろう、って気持ちで君のところに来てる。亡くなって間もない人がガイドになることもあるんだよ。

私　いろいろな人が守ってくれてるのかあ、ありがたいな。

ネブランの話を聞いて、見えない存在に感謝したくなった。

失われたハートを取り戻せ

ANOYO to TALK

私　そういえばネブランは、私が初めて地球に生まれた時から、私のそばにいたって言ってたよね。

ネブラン　地球人時代だけじゃなく、その前に別の星にいた頃からね。

私　じゃあさ、私の地球での最初の人生は何だったの？　もしや、ネアンデルタール人だったりして。

するとと意外な答えが戻ってきた。

ネブラン　地球人生はレムリアが最初だよ。

私　レムリア？　あの沈没したっていう架空の大陸？　本当にあったの？

ネブラン　あったよ。君にその時の記憶はないかもしれないけど、魂には刻まれてるはずだ。レムリアの時代の人たちは、今の君たちよりも高次元の意識を持っていて、

もっと人間らしかったんだよ。だから今よりもずっとハッピーな人生を送ることができたんだ。

最初は疑わしい気持ちでネブランの話を聞いていたが、途中から急に頭にレムリアの映像が浮かび、当時の自分の姿がチラッと見えてきた。

その頃の私はもじゃもじゃの黒髪だった。褐色の肌に腰巻だけを身に着けていた。それだけ温暖な気候だったのだろう。どうも海の近くで海風が吹いているようだ。男の子っぽい格好をしているけど、少女のようにも見える。髪をなびかせながら、海に向かって丘をダーっと駆け下りる風景が見えた。何か手に持っている感じだけど、よくわからない。顔を見ると、満面の笑みを浮かべている。何の曇りもない、幸せそうな、心の豊かさが表れたような笑顔――。

ネブラン　**君は今、思い出しているね。そうだよ、レムリア時代は男女の区別ってなかったんだ。その頃の君には、確かに高次元の意識があったんだよ。これから君はその意識を思い出して、そして人に伝えていくんだ……。**

ネブランの言葉にはっと我に返った。

私　**忘れてしまった意識ってどういうこと？　思い出すって、どうやって？**

ところが、ネブランの声はそれきり響いてこなくなった。

私　**お～い、ネブラン？**

さっきまであんなにうるさく語りかけてきたのに、いくら問いを投げかけても、何も答えてくれない。

「なんで途中でやめちゃうわけ？　変なの。やっぱりネブランなんていなくて、自分の頭がおかしくなっただけだったりして……？」

中途半端に会話が終わり、だんだんネブランと会話したことが信じられなくなってきた。

「もう1回寝たら、実は夢だった、ってことになるかもな」

また寝てみようと思い、ソファに横たわった。ところが今度は、先ほどのレムリアのことがなぜかすごく気になってもんもんとしてしまい、眠れなくなってしまった。

しょうがなくちらっと目を開けて壁の時計を見た。

「この時間だったら、もう大学の図書館はやってるな」

ネブランが教えてくれないなら、自分で調べるしかない。図書館に行けば何か手がかりが見つかるかもしれない。

私は起き上がって身なりを整えはじめた。

ハートを基盤にした社会って？

大学の図書館はどでかいくせに、いつもしーんと静まり返っている。静かすぎて自分の息が気になり、集中できないほどだ。だから図書館にはいつもメディアプレーヤーを持っていき、イヤホンでラジオや音楽を聴いていた。

とりあえずあちこち探し回って、レムリア時代について書かれた本を見つけ出してはノートにメモしていった。けれども、どれも信憑性《しんぴょうせい》にかける気がする。

「証拠もないしなあ、内容もピンとこない。ジャンルを変えてみようかな。そうだ、メタフィジックスのセクションならどうだろう」

メタフィジックス（Metaphysics）は、物質世界を超えたこの世界の真理を探究する学問で、日本語では「形而上学」といわれている。たぶん日本語でもなじみのない人が多いと思うが、どうやらアメリカでも同じらしい。図書館でもメタフィジックスのコーナーは最上階の隅に追いやられていた。

行ってみると、とても不気味な雰囲気で、人っ子一人いない。置かれている本も古びていて、何かが住み着いていそうな雰囲気だ。

「ここにはあんまり長居したくないな。さっさとリサーチを終わらせて帰ろう」

そう思って、てっとり早く一番古臭い本を引き出した。パラパラとめくっていると、ちょうど「レムリア文明」と書き記されているページが開いた。

「お！　あった！　ラッキー」

その時、ちょうどイヤホンで聴いていたラジオからある曲が流れてきた。それはカーペンターズの「星空に愛を」という曲。私は驚きのあまり心臓が止まりそうになった。それは地球外の存在が人間とコンタクトを取りたがっているよ、という歌詞の曲だ。

「地球外の存在？　宇宙人のことかな……？　私たちをずっと見てる存在があるってこと？」

無数にある曲の中からなぜこれが今、流れたのだろう。宇宙とレムリアと何か関係があるのだろうか？


明るい場所まで出て、改めて本を読んでみると、こんなことが記されていた。

「レムリア文明はハートを基盤にした世界です」

読み進めていくと、現在の私たちは、レムリア時代にあったハートを置き去りにして忘れてしまっている、と書かれていた。

「なるほど、だったら置き去りにしたハートを取り戻せば、レムリア時代の高い意識に戻れるってことか。

でもハートが置き去りって、そもそもどういうことなんだろう。人間だってハートはすでに持っている。じゃあそれを十分活用できていないってことか。

そういえば私たちは、ハートがどう重要なのかよく知らない。この際、じっくり調べてみるとするか。幸い時間はたっぷりあるし」

「レムリアのハートを取り戻す」というミッションはとても面白そうで、私はワクワクしていた。こんな感覚は久しぶりだった。

メッセンジャー

私はまず自分のレムリアの過去世についてもっと調べるために、誰か霊視をしてくれるサイキックを訪ねてみようと思った。サイキックに霊視を頼むのは人生初だ。

調べてみると、80代のエレンという女性がいいということがわかった。地元では本物の魔女と言われるくらいの人物で、しかもお金を一切請求しないらしい。

早速連絡してアポを取り、2時間ほど車を運転して、山を一つ越えたエレンの家を訪問した。

初めての霊視セッションで何を言われるんだろう？　と興味津々で聞いていると、エレンはこう言い始めた。

エレン　**あなたはメッセンジャーですね。**

私　**メッセンジャーって、何のですか？**

エレン　**この世界の真実を、人々に広める役割の人のことですよ。**

真実を広めるメッセンジャー？　まるでこの前ネブランが教えてくれたことそのものじゃないか。

私　**ええと、じゃあ、過去世についてお伺いしたいのですが。**

エレン　**過去世では、ネイティブ・アメリカンの時もあったし、インドの下のほうにもいましたね。ユダヤ人で強制収容所に入れられたこともあるようです。**

驚いた。私にはネイティブ・アメリカンとユダヤ人の記憶もあるし、インドの神様がよく夢に出てくることもあった。エレンには何も言っていないのに、さすがだと思った。

私　**やっぱりそうだったんですか。ちょっと記憶があるので。それからその……今の人類の歴史が始まる前のことなんかはわかりますか……？**

突拍子もない話題でおかしいと思われはしないかと心配したが、エレンはとくに怪訝《けげん》な顔をすることもなく、目をつぶって何やらグルグルとペンをノートに走らせはじめた。ちらっとそのノートをのぞいてみたが、何も意味のあることは書かれていない。

エレンは静かに目を開けてこう話してくれた。

エレン　数回ほどレムリアの人生を送っていますよ。現在のハワイ辺りにいたようです。あなたはエネルギーを読む人でしたね。

私　どういう意味ですか？　エネルギーを読むって。

エレン　地球のエネルギーを読んで、天候の動きを予測したり、地震や火山などの動きを把握する人だったようです。今あなたは、古代から存在していたレムリア時代の意識を取り戻しにこの世にやってきています。

私　!!

きた！　やっぱりそうなのだろうか。

私　で、そのレムリアのことはどうやって知ればいいんですか？

エレン　レムリアの高次元の意識のことは、これからいろんなところから受け取りますよ。主にそれは地球外とか、この世以外のソースです。

私　じゃあ私はレムリアの意識について学んで、人々にメッセージを伝えるんですか？　なんのために？

エレン　それは、今、世の中が新しい時代へと大きく変わっていくからですよ。みんなが新しい時代を生きるためにレムリアの知恵を必要としているからです。

私　新しい時代へと変わる？

エレン　過去世でのあなたは、ネイティブアメリカンの時も、ユダヤ人の時も、大きな変動時代を生きていたでしょう？　あなたに記憶があるというのは、それが今の自分に関係する過去世だからですよ。

あの世からの電波ジャック？

セッションが終わり、エレンに丁寧にお礼を言ってサロンを後にした。

「図書館で調べたことも、エレンとの話も、全部ネブランの言ってた通りだったなあ……」

私はこの前のネブランとの会話を思い出していた。あれから数日経つけど、ネブランは一度も声を聞かせてこない。

「でもあれっきり、ネブランの声は聞こえないしなあ。やっぱり幻だったのかなあ……」

そんなことを考えていた時のことだ。車を運転していたにもかかわらず、いきなりものすごい眠気が襲ってきた。

これはやばい。自宅に戻るまでの道のりのまだ半分も過ぎていない。しかも帰ってから予定があったので途中で休憩をとるわけにもいかなかった。まずい、眠い。

どうしようかといろいろ考えていたら、名案が一つ浮かんだ。

「そうだ！ 携帯で家に電話をかけて、留守電に独り言をしゃべりながら運転したら、眠気が飛ぶかも！」

ところが、早速携帯を取り出そうとすると、どういうわけだかどこを探しても見つからない。

「まあいいか、家に帰った時に、自分の声で留守電が入ってたらなんだかアホみたいだし……」

しょうがなく名案はあきらめて、なんとか眠気をこらえて運転を続けた。

ようやく家にたどりつき、車を停めてよく探すと、やっと携帯が出てきた。部屋に戻って時計を見ると、幸い次の用事までまだ少し時間がある。すぐにベッドに飛び込み、ほんの20分ほど仮眠をとった。

目が覚めて寝室を出ると、留守電のランプが点《つ》いていることに気づいた。再生ボタンを押すと、

「元気？　わはは。私、私だよ、わかる？　大丈夫かな？」

と声が聞こえてきた。この声の主は……そう、私だ！

「ひぃぃ――!!」

頭の中にまで寒イボが立つくらいびっくりした。さっき携帯から留守電にかけようとは思ったけど、誓ってもいい、実際にはかけていない。携帯の発信の履歴もチェックしたけど何もなかった。

留守電の着信番号や着信日時も何も表示されていない。それなのに、紛れもなく自分の声で録音されている。

「何これ？　どうなってんだ？」

一瞬頭がパニックになった。すると、今度は電話のベルが鳴り、心臓が止まりそうなほどびっくりした。受話器を取ると、会社の同僚からだった。

さっきはありがとう、メールくれて！

私　えっ？　メール？　何？

同僚　さっき私に励ましのメールをくれたでしょ？　今日は大事なプレゼンがあるって話してたから、覚えててくれたのね。嬉しかったわ！　おかげでプレゼンもうまくいったわよ。

私　何それ？　なりすましじゃない？

同僚　何寝ぼけたこと言ってるの、確かにあなたのアドレス。なりすましが私のプレゼンを知ってるわけないでしょ！　じゃあね。

電話が切れた後、慌ててパソコンを立ち上げてみたが、送信フォルダには何も残っていない。

「ええ？　どういうこと？」

あまりにおかしなことばかりで呆然としてしまった。

謎の声　あ〜ごめんね、驚かせちゃって。

急にあの声がまた頭に響いてきた。

私　!!　その声は!!

ネブラン　そう、ネブランだよ。

私　ネブラン！　これって君のしわざ？

ネブラン　そう、私がやったんだよ。実はあの世の存在は、こうやって不思議なことも起こせるんだ。物質を動かすのはちょっと大変なんだけど、携帯とかメールは電波を使うでしょ？　物質以外のバイブレーションは操作しやすいんだよ。匂いなんかもそうなんだ。よく亡くなった人の吸ってたタバコの臭いがするなんていうでしょ？

エネルギー系統も操作が簡単なんだ。例えば、ほら。

ネブランがそう言った直後、突然何もしていないのに部屋の灯りがチカチカと点滅しだした。

私　ひぃぃぃ――!!

他の場所は電気が点いているので、明らかに停電ではない。

ネブラン　スイッチを使って物理的にオフにするんじゃなく、電気系統を操作したんだよ。面白いでしょ。

私　面白くないって！　まるでホラー映画じゃん！　なんでそんな電波ジャックみたいなことするわけ？

ネブラン　電波ジャックって、犯罪じゃないんだから。君がこの数日感じたことに間違いがないって、わかってほしかったんだよ。

いや、人間だったら十分犯罪だよ、と思いながらも話を続けた。

私　感じたことって……レムリアの高い意識のこととか、私がそれを伝えるメッセンジャーだってこと？

ネブラン　そう。自分で調べて納得がいったでしょ？　本当はあの世の存在は、こうやって君たち自身が理解できるよう、いつもサインを送ってるんだよ。

私　そういうことか。だけど、この前一度現れたっきりだったのに、急にこんなことされたら驚くじゃん。

ネブラン　ごめんね。でもこれで君も私の話を聞く気持ちになったでしょ？

私　う〜ん、何だかトリックに引っかかったみたいな気がするけど……。じゃあさ、ネブラン、あの世のことだけじゃなくて、何か生活に役立つアドバイスとか教えてよ！
例えばこの前お医者さんに「健康のためにもっと水を飲んだ方がいい」って言われたんだけど、あんまり飲めないんだよね。だからどうやって水を飲むか教えてくれない？

ネブラン　んー、物質界のことはあんまり得意分野じゃないんだけどなあ。水に色を付けられるハーブがあるでしょ？　あれを入れて色つきの水を飲んだらいいよ。

私　へえ、なんか面白そう。やってみよう。

ネブラン　じゃあ、これからまた時々君のところに現れるからね。しっかり記録して、チャンスが来たらこのことを誰かに伝えてよ。オケ～？

私　オ、ＯＫ。

どうやらここはおとなしく自分の運命を受け入れ、ネブランの声に耳を傾けるしかないようだ。

この日からネブランは必要とあれば私の頭に声を響かせては、いろんなことを教えてくれた。また、現実や明晰夢でいろんな人と出会わせ、その人の口からメッセージを伝えてくれた。私は話を聞くたびに、忘れないようにメモを取っていった。

色付けするハーブも早速買ってきて水に入れてみた。そうすると本当に楽しくなってきて、どんどん水を飲むことができた。足りなかった水分を補給することができるようになると、体の調子もよくなってきた。

「しょうがない。やっぱりネブランのいうことを信用するかあ」

こうして、ガイドのネブランによるあの世の講義が始まった。

第2章

ANOYO to TALK

ホンモノの自分を取り戻す

〝新しい時代〟仕様の自分へ

ANOYO to TALK

ネブランが現れるようになってしばらく経った頃だった。ソファに寝転んでいたら、机の上で何かが光ったような気がした。恐る恐る近づいてみると、ずっと置きっぱなしにしていた本だった。

「あれ？　この本は」

それは占星術の本だった。心身が疲れはじめた頃、占星術でも習えば生き方が変わるかも？と期待して買った本だ。でもアメリカでは占星術は学問の一つになっているほど複雑で難しく、とても遊び感覚で習得できるような代物《しろもの》ではないとわかり、結局すぐにあきらめてしまったのだった。

本をパラパラとめくってみると、「人類は新しい時代へ突入する」という言葉が目に留まった。

「そういえば、同じことをエレンが言ってたなあ」

本によると、地球には2万6000年周期で自転軸の方向が変わる「歳差《さいさ》運動」というものがあるため、地上から見える星の位置も変わっていくらしい。2012年には占星術の12星座が一巡するため、この頃から地球がまったく新しい次のステップに向かうと言われているそうだ。

地球上で一番古い宗教であるヒンズー教の教えでも、まったく同じことが言われているという。またマヤ文明にも驚きの天文学知識があり、星や天体の動きで時代の移り変わりを割り出していて、2012年12月が新しい世の中に入る重要な分岐点だと言っていたそうだ。マヤ文明ではそれからの時代を黄金時代と呼んでいるという。

「黄金時代？　ってことはメチャクチャいい時代が来るってことかなあ」

その頃アメリカはリーマンショックの打撃からまだ立ち直れず、日本では東日本大震災が起きた。世の中全体が暗い雰囲気で、とてもいい時代が来るとは思えない。

「一体これからどうなるのやら……？」

いろいろと考えてみたけど、どんな時代になるのかまったく想像がつかなかった。

＊＊＊明晰夢・バシャールと出会う＊＊＊

ネブラン **ほら、起きて。**

その日の夜、ネブランの声がして起こされた。ただし、起きたけれど夢の中にいる。明晰夢の中だ。

ネブラン **これから君を地球外生命体のところに連れて行くよ。**

私 **ええ～？　宇宙人と対面するの？**

ネブラン **まずはこれに乗って。**

ネブランがそう言うと、ピラミッドのような正四面体が上下に重なった銀色の立体が出てきた（左図）。どうやら乗り物らしい。体にフィットして、私以外使うことができないようだ。それに乗ると、あっという間に地球圏から宇宙に飛び出し、すぐにどこかの惑星に到着した。

私 **すごい乗り物があるんだね。**

ネブラン **これは〝マカバ〟っていうんだ。**

ネブランが教えてくれた。

〝マカバ〟から降りると、ドーム状の建物が出てきた。

声　**よく来たね。さあ入って。**

誰かの声がして建物の中に入ると、背の低い木の扉がついている部屋があった。ノックしてかがんで入ると、部屋の中には人間の子どもサイズくらいの宇宙人が座っていた。金髪巻き毛のカツラをつけている。

宇宙人　**やあ、私はバシャール。**

そう言って宇宙人は人なつっこく笑った。部屋にはたくさんのキャンディーマシーンやおもちゃが置いてある。

私　**子どもが好きそうなテイストだなあ……。**

部屋の中は外からはわからないほど広い銀色のスペースが広がっていて、窓が一つも見当たらない。でも何だか明るい空間で、とっても居心地がよかった。

光のコード

バシャールが立ち上がり、私にスツールに座るよう勧めてくれた。立ったと言っても、足は地面に着いていなくて宙ぶらりんだ。それにしても、なんでカツラを被っているんだろう？と思ったら、バシャールはこう話してくれた。

バシャール　**カツラはきみが怖がらないためさ。**

どうやら突然来た私が驚かないように、人間らしい姿をしようとしてくれているらしい。部屋のインテリアも子どもっぽくして安心させるための演出のようだ。

バシャール　**改めまして、こんにちは。私の名はバシャールと言います。はじめまして……おや？**

バシャールはこっちを見て不思議そうな顔をした。

バシャール **君はメッセンジャーじゃなかったの？　今ワクワクしてる？　ハートに従ってる？　ホンモノの自分の気持ちをキャッチできているかい？**

私 **え……？**

バシャール **まあいいでしょう。これから私もいろいろ教えます。新しい時代に向けて、準備していってください。**

バシャールはそう言うと、宇宙船の地下へと私を案内してくれた。

そこには無数の小さな光の玉があり、たくさんのコードが繭《まゆ》のように絡まっていた。よく見ると、それぞれの光の玉には人一人の人生が映し出されていた。人の顔も、どんな生活をしているのかも映し出されている。

1本のコードをたくし上げて光の玉をじっくり見てみると、その玉にはセーラー服の女の子が映し出されていた。彼女の生活と抱えている問題まで玉に映し出され、手にとるようにわかる。

そういえば反対側のコードの端っこはどこにつながっているのかな、と思いひっぱってみると、なんと自分につながっていた。

「えっ？　なんで自分につながってるわけ？　親戚ではないし、全然縁もゆかりもなさそうな女の子だけど」

不思議な出来事に戸惑っているうちに目が覚めた。

＊＊＊＊＊

起きてからもやはり夢の中の記憶はしっかり残っていた。

「バシャールって二度も思いきり名乗ってたけど、何か意味があるのかな？もしかして検索してみたら出てくるかも？」

早速バシャールをネットで検索してみると、驚いた。山のように記事が出てくる。

バシャールとは、地球よりはるか高次元のエササニという星にいる知的生命体で、地球人とコンタクトしながら人類にとって必要なことを伝えているのだという。

「バシャールって有名人なんだ……いや、人じゃないから有名生命体？」

バシャールのことを調べていたら、「ワクワク」という文字が出てきた。それで気になってさらに「ワクワク」を検索してみたら、出るわ出るわ、いろんな文献がたくさん出てきた！

驚くべきことに、「マカバ」についての説明も見つかった。マカバの形は神聖幾何学でできており、独特のエネルギー空間を形成するため、中に入ると高次元の宇宙空間に移動することができるという。乗る人のエネルギーに合わせて作られるため、自分にしか乗れないそうだ。

ネットを見ていると「バシャールのイベント」という記事が目についた。なんと3日後に、カリフォルニアでバシャールのイベントが開催されるという。なんて奇遇なんだろう！　といってもネブランが操っているのかもしれないけど。

「これは参加しないわけにはいかないな」

こうなったら行くしかない。早速旅行の手配をしはじめた。

バシャールに会いに行く

会場でバシャールのエネルギーに度肝をぬかれた。ものすごいパワーで、電気のコードを通したら発電できそうなくらいだ。

この日の話を携帯で録音するつもりだったのだけど、バッテリーが少なくなっていた。コードを持って来ればこのエネルギーで携帯の充電もできるんじゃないかと思ったけれど、残念ながらこの日は持ってこなかった。

「仕方ない、ノートにメモろう」

イベントが始まり、バシャールの話がはじまった。

バシャール **地球のみなさんは今まさに、古い世の中を出て、新しい世の中へと向かっている最中にいます。だから今、新しい世の中について学ぶ人が増えているし、学ぶことが大事なんです。**

「やっぱりそうなのかあ。でも新しい世の中ってどんな世の中？」

疑問に思っていると、早速バシャールが答えてくれた。

バシャール **新しい世の中に行くというのは、つまり人類が進化することです。大きく進化するのは、物理的なものよりも精神性です。新しい世の中は、物や**

お金が基盤の資本主義社会とはまったく違って、自分のハートに寄り添って生きることが基盤の社会になります。

「ほぉ〜！　やっぱりハートが基盤の社会ってわけか」

バシャール
ハートの故郷である〝ホンモノの自分〟に戻りましょう。

「ハートの故郷？　〝ホンモノの自分〟？」

バシャール
あなたたちはホンモノの自分に戻りたいと思っています。ホンモノの自分にはハートがあります。今あなたたちは、ホンモノの自分というハートの故郷に帰り、そのハートを取り戻したいと思っているのです。

この言葉にハッとした。

「すごいぞ！　私が聞きたかったトピックじゃないか！」

バシャール
これからあなたたちは、ホンモノの自分を生きるようになります。新しい世の中では、みなさんは自分のハートに添って生き、自分の現実を自分の力で作り出すことになります。

自分の人生は、ほかでもない自分が決めるのです。

ホンモノの自分って？

バシャールの話に私は心の底からワクワクしていた。話に集中したくて、ノートには自分がハッと思ったことだけ書き留め、あとは会場にある講演会のＣＤを買ってじっくり復習することにした。ところが、家に帰って早速講演会のＣＤを聴くと、ハートの話は入っていなかった。録音せずにノートを取っておいて正解だった。

帰宅後、もっとバシャールのことを知りたくなり、ネットの関連記事を見るためにパソコンを立ち上げた。

「バシャールの話、面白かったなあ。それにしてもホンモノの自分って何なんだろう？」

ネブラン　**うーん、君はすっかり忘れちゃってるようだね、ホンモノの自分のこと。**

ネブランがまたささやき始めた。

私　**ホンモノの自分には、ハートがあるってことはわかったけど、どんな自分？**

ネブラン　**……君には初歩の初歩から教えなきゃいけないようだね。**

私　**よろしくね、ネブラン。……あっ、そうだ！**

ネブラン　**わかった？**

私　**いや、違うんだけどさ。最近ブログやる人が増えて、誰でも気軽にインターネットに記事を載せられるようになったでしょ？　ブログをメモ代わりにして書き記しておいたら、みんなが見られていいんじゃない？**

ネブラン　**そっちのことか〜い。でもそれはグッドアイデアだ！　じゃあ早速ブログ立ち上げてよ！**

私　**ちょっと、せかさないでくれる？　今やるから。**

ネブランに促され、その日の夜には初めてのブログを立ち上げた。

その日からバシャールも夢によく出てくるようになった。バシャールは地球人が知らないさまざまな知恵を私に伝えてくれた。

それがベースになり、どんどんインスピレーションがわいてきて、ブログの更新は立ち上げ以来一日も休むことなく続いた。

この世はハリボテ。この体は着ぐるみ

ANOYO to TALK

＊＊＊明晰夢・ペレ＊＊＊

夢の中で目が覚めると、

声　**アロ～ハ、ウェルカム～～。**

急に誰かがポワッと現れた。女神様だ。赤いハワイアン生地のムームーのような服を着ている。周りでは赤いぼんぼりのような光がゆらゆらと動いていた。

「あれはペレだ。火山の神様の……」

ペレの存在も知らなかったはずなのに、なぜかそう思った。

ペレ　**久しぶり。レムリア以来ね！**

ペレが私に声をかけた。

ペレ　**ハワイのメッセージを忘れないで。**

「ええ？　ハワイのメッセージ？　何？」
そう思ったところで目が覚めた。

＊＊＊＊＊

その日は夕暮れ時にスーパーへ買い出しに出かけた。棚から食べ物を取ろうとした時、隣でお肉を選んでいた人が突然話しかけてきた。

女性　**アロハ～。**

私　**わっ！**

驚いて声のほうを見ると、60代くらいの女性が立っていた。ポリネシア系の顔立ちに、アロハシャツ。短髪で姿勢が良く、とても若々しく見える。

女性　**私の名前はジョイっていうの。**

私　**あ、こんにちはジョイ。**

なんだか元気が良さそうな人だな。それにしても、夢にペレが出てきたし、エレンにもハワイに住んでたって言われてたっけ。何だかハワイに縁がある。

ジョイ　**人生楽しみなさいっていう意味で、ジョイって名付けられたのよ～。ハワイの**

人は人生を楽しむ達人ばっかりなの。

ジョイはそう言いながら鶏肉をポンっとカゴにいれた。このまま話を続けそうな勢いだ。

面白そうだから話に付き合っていたら、ジョイが急に、

ジョイ　**で、あんたはどうなの？　人生楽しんでる？**

と聞いてきてドキっとした。ずっと精神的に疲れていたのが顔にも表れていたのだろうか。

私　**えっ？　どうして？**

と聞き返すと、

ジョイ　**だってほら、あんたの買ってる物って健康食ばっかりじゃない。こんなのばっかりだったら人生楽しくないでしょう？**

と、カゴの中の商品を指差しながらそう言った。

確かに精神的に疲れてしまってからは、少しでも元気になろうと健康に気を遣った食事ばかりしていた。楽しいか、って聞かれると確かにそうじゃないかもしれないなあ……と考えながら、ちらっとジョイのカゴの中を見た。

ジョイのかごの中には、いかにも彼女が好きそうなお菓子や冷凍食品が入っている。それに……ププっ！　ジョイっていくつになっても乙女なんだな。痩せる腹巻だって。かわいいなあ。

そう心の中で思っていたら、ジョイは、

ジョイ　**私を見てよ。好きなものを食べて病気一つしてないの。心が喜ぶものを口にしてるからよ。あのね、私の年齢いくつだと思う？　私、政府から研究要請がきてるくらいすごいのよ。**

と言って、自分の運転免許証を取り出して見せ、生年月日から携帯で自分の年を計算してくれた。

私　**82歳??　マジで？　60代くらいなんだって思ってました。**

どう見ても80代には見えず驚いた。

ジョイ　**あら、この間は50代に見えるって言われたばっかりよ。**

確かに運転免許証の写真は長くとも5年以内に撮影したはずだが、そこに映るジョイは一瞬40代か？と見まごうくらい若い。

私　**もしかして魂を悪魔に売ったからそんなに若くいられるんですか？**

気の利いたジョークを言ったつもりだったが、ジョイにはあきれられたよう

で、

ジョイ　あんたって、ばっかね〜！

　と大笑いされた。私たちが話している横で、スーパーの従業員がニコニコ笑いながらジョイに「ハーイ、ジョイ」と挨拶してくる。全員がジョイを知っているようで、しかも会うと嬉しそうだ。

人生は楽しまなくちゃ

　ジョイは天井のほうを指差して言った。

ジョイ　あのね、この世の現実はホンモノじゃない、どでかいハリボテの世界なの。本当の家はあの世なの。あんた、何のためにあの世からこの世に来るのか知ってる？　この世には遊びに来てるのよ。だから楽しまなくっちゃだめなの。

私　それって、ジョイが年を取らないのはハリボテの世界にいるからってこと？

ジョイ　あんた、リアルにばかね。じゃなくて、好きなことしてこの世の人生をエンジョイしてるの。だから若くいれるのよ。

私　人生エンジョイすると若くいられるんですか？　ジョイはなぜそんなことを

ジョイ　知ってるの？
私はフラをやってるの。フラって神々に捧げる踊りなのよ。神の代表がペレね。
音楽で神と一つになっていると、いろんなことを教えてもらえるのよ。

なかなか強烈なキャラだけど、ジョイの言葉には迫力があって、引き込まれる。

ジョイ　私たちはどうせすぐあの世に戻るし、この世の自分はただの着ぐるみだからね。あんたはこの世で自分のキャラを演じてるだけなのよ。着ぐるみの中身の〝ホンモノの自分〟がどんなタイプの着ぐるみを着るか決めてるの。

私　えっ？　着ぐるみの中にいるのがホンモノの自分？

ジョイ　そうよ。着ぐるみの中にホンモノのあんたが入ってるのに、着ぐるみのあんたはキャラに呑《の》まれてホンモノの中身がなんだったか忘れちゃってるの。いい？　ホンモノのあんたが選んだ着ぐるみは、なりたい自分になるために特別に仕立てられたテーラーメイドなのよ。だからいくら自分をグズで嫌だと思っても文句言えないの、わかる？

私　じゃあ、ホンモノの自分はグズじゃないのに、わざわざグズの自分になってるってこと？　なんで好き好んでグズの自分を選ぶんですか？　せっかく選べるん

ジョイ　**だったら天才で大金持ちの男前か、絶世の美女を選べばいいのに！**
それを選ばないことに意味があるんでしょーがっ！

と、ちょっとイラついてジョイが答えた。

ジョイ　**最初から望みのものが全部手に入って、何もしなくていい遊びなんて楽しくないでしょ？　あんたはグズな自分の経験を楽しみに来てるのよ。**

かれこれ1時間以上立ち話してたようで、さすがのジョイも、

ジョイ　**私、もうそろそろ行くわ。**

と言って帰って行ってしまった。

スーパーから戻って家でくつろぎながら、さっきのことを思いだしていた。

ジョイが言っていた言葉が頭から離れない。

「ジョイが言ってたこと、本当なのかなあ？」

ぼーっと考えていると、ピンポーンと家の呼び鈴が鳴り、はっと我に返った。

扉を開けると、若い女性が玄関口に立っている。

若い女性　**こんばんは、昨日近所に越してきたジョイスっていいます。友人には私がジョイをチョイス（選ぶ）するからジョイスなのねってよく言われてます。だから**

私　私のことをジョイって呼んでもOKよ。これからよろしくね。

うわっ！　また違うジョイが出てきた！　1日に二人も会うなんて！

ジョイス　こちらこそよろしく！

と返事をして、簡単な自己紹介をした。ジョイスは、

ジョイス　今は夫と離婚できたからとってもハッピーなの！

と言った。離婚してハッピーかあ、なかなか言えるもんじゃないよな、と思っていたら、ジョイスがにっこりほほ笑んで、

ジョイス　人生を楽しまないとね！

と言うと、楽しそうに自分の家に戻っていった。

「何だか面白い日だったなあ。人生を楽しむ、かあ……ん？」

天井に赤いぼんぼりのような光が貼りついていて、ゆらゆらと動いている。昨日見た夢と同じだ。車のライトかと思って外を見たけど、駐車場は真っ暗だった。

「ペレが言っていたレムリアのメッセージって、このことだったのかな？　もっと詳しく知りたいなあ」

そんなことを考えていると、また睡魔が襲ってきた。

＊＊＊明晰夢・ゲームを忘れた人間＊＊＊

ネブラン　**起きて。**

ネブランに起こされ、また夢の中でトンネルに入って行った。明晰夢に行くときはトンネルを通ることが多い。

トンネルを出ると、西部劇に出てくるような街並みに出た。しかも本当の西部劇のクライマックスのように、みんなが銃を持って真剣な顔で銃撃戦を繰り広げている。

私　**ひぃぃ――!!　なにこれ、戦争?　ちょっとネブラン、これどういうこと?**

ネブランは何も答えない。うろたえる間もなく、拳銃の弾が近くに飛んできた。やばい、当たってしまう!　逃げなければ!　拳銃の弾を避けながら、穴だらけのバラックの横に腰を低くしてかがみ、逃げるタイミングをうかがった。どうするか必死で考えているうちに、いつしか夢であることを忘れ、頭の中が逃げることでいっぱいになっていた。

すると、ボロボロのバラックの窓から、男の人が顔をだした。

男性　**こんちは〜。**

　一瞬敵？と思ってひるんだが、すぐに気が抜けた。その男性の頭の上には髪の毛がなく、ツルツルと光っている。おまけにバカボンみたいな雰囲気を醸し出していて、戦闘能力0にしか見えない。

男性　**私はフランシスコ・ザビエルだ。**

私　**えっ？　ザビエル？**

　確かに歴史の教科書で見た肖像画と同じ姿をして、心臓のようなものに長い十字架を突き刺している。

ザビエル　**お主にこれをしんぜよう。**

　ザビエルが心臓から十字架を抜き取ると、それは茶色い杖《つえ》に変わった。

私　**つ、杖……？　戦えないじゃん！　ハリー・ポッターじゃあ**

るまいし。

でもまあ、仕方ないか。ないよりはマシだ。どうやって戦おう？　そう考えながら振り回していると、ザビエルが、

ザビエル　**そうじゃなーい。使い方が違いマース。**

と急にカタコトの日本語で話し始めた。

ザビエル　**これは、上をひねってプッシュすると、ほら！　水でっぽうになるんデース。**

ザビエルは楽しそうに目をキラキラと輝かせながら、杖の使い方を見せてくれている。

私　**ちょっと待ってくださいよ！　今、戦争やってるのが見てわからないんですかー？　遊びじゃないんですよ、遊びじゃっ！**

ザビエル　**ノー、ノー、ノー！　ちっがいマース。遊びですよ。よーく目を凝らして見てごらんなさい。みんな真剣に水でっぽうで遊んでるでしょ。**

私　**そうかそうか、よく見るとみんな真剣に水でっぽうで……いや遊んでいないって！　必死に戦ってるじゃん！**

みんなが本気で敵を憎んでるのが見えるし、懸命に逃げ惑うのも見える。

ザビエル　**よーく見てクダサーイ、ココ、ドコですかー。**

私　**だから戦場で……って、あれ!?**

よく見るとそこは戦場のセットに見立てて作られた、西部劇ごっこをして遊ぶための遊技場だった。なのにみんなが勝手に本物の戦場に変えてるんだ！

あっけにとられて見ている私に、ザビエルがこう言った。

ザビエル　**最初は誰もが水でっぽうで遊んで楽しむんですけどね。しばらくすると、本当の戦いだって思い込んで真剣になっちゃうんデース。君もそうならないことを祈るよ、アーメン。**

ザビエルがどこかに行こうとしたので慌てて引き留めた。

私　**ちょいまった！　そうならない方法を教えてよ。**

ザビエルは何やら後ろでゴソゴソしはじめ、「はい～」と言って帽子をポンと頭にのせて話し始めた。

ザビエル　**そりゃあ、また遊びに戻せばいいんですよ。**

私　**ええ？　どうやって？**

ザビエル　**いいですか？　ホンモノの君たちは一時的にこの世に遊びに来てて、遊び終わったらあの世に帰るんですよ。だからこの世では、真剣にリアリティに直面**

するんではなくて、当初の目的を見失わないで遊べばいいんです。

私　そういうもの？　だけどなんで私たちはあの世から遊びに来てるの？

ザビエル　あの世は何でも全部そろってて、望んだことがすぐ叶う、何もかも満たされた光ある世界なんですよ。そんなところにずっといるとどうなると思います？

私　すべてが満たされた世界？　いいじゃん！　私ならあの世から出ないけど。

ザビエル　ノー、ノー！　何もかも全部が満たされた世界って、ある意味刺激がなくてつまらないんですよ。だから別にこの世に帰ってこなくてもいいのに、あの世に戻ったら、またすぐにこの世に遊びに来たくなるんです。君たちはこの世に来ることに超ワクワクしてるんですよ。

そう言って、ザビエルはバラックの中に戻ってしまった。

私　よくわからないよ、ってか早くここから抜けたいんだけど、どうすればいいのさ？　おーいザビエル！

＊＊＊＊＊

ホンモノの世界はあの世

ANOYO to TALK

そこで夢から覚めた。どうやらちょっとした感情の動きですぐに目が覚めてしまうらしい。

「この世はハリボテで、あの世がホンモノの世界ってことかぁ……」

ネブラン　**その通りだよ。あの世が君たちの帰る家で、あの世の自分がホンモノの自分なんだ。**

またネブランの声が聞こえた。

私　**ネブラン!?　これも全部君のしわざ？**

ネブラン　**そうだよ、ジョイに会わせたのも、ザビエルの夢もそうさ。君は忘れてるかもしれないけど、この世は全部自分のためにお膳立てされた舞台なんだ。**

私　**お膳立てされてる？　あまりそうは思えないけど……？**

ネブラン　みんなあの世でホンモノの君たちが望んできたことなんだよ。この世界っていうのは、大きなシミュレーションの世界なんだ。周りに起こってることは全部イリュージョン、幻想。君たちは舞台で自分のキャラを演じてるようなものだよ。外見そのものは本物なんだけど、体のスキンをかぶって生きてるアバターみたいなものってわけさ。

私　アバター？　ああ、ゲームやネットで作る自分の分身みたいなものか。

ネブラン　そう。時間も自分たちで作ってるんだ。

私　時間も？

ネブラン　あの世は時間がなくて、想いが瞬時に目の前に現れるんだ。すべては満たされるから、困難や貧困、裏切りといった重たい波動はない。だから苦しい体験をしたくても、限りなく疑似体験になってしまうんだよ。ちょうど図書館の本をペラペラとめくってホラーやサスペンスの物語にドップリ浸かる感じで、実際の体験とは異なるんだ。だから物質界で実践してみたいんだよ。

だから君たちは、実践の場としてこの世を作り、あの世の一瞬の時間をビヨ〜〜〜ンと伸ばして、時間を作ったんだ。本当は人の一生だってあの世から見たらあっという間なんだよ（左図）。

私　本当かなあ？　困難や苦しいことなんてないほうがいいって思うけどなあ。

ネブラン　ホンモノの自分の視点から見たら、その体験にもワクワクしてるんだよ。君たちだって、退屈になったらちょっとチャレンジしたくなるし、刺激を求めてわざわざジェットコースターに乗ったりするでしょ？　ゲームだって障害がなかったらつまらなくて、制限がある中で目的を達成するからこそ楽しいんでしょ？
あの世からしたらこの世に来るってことは、ジェットコースターに乗るみたいにスリルを味わってワクワクする感覚なんだよ。みんなこの世にはあらゆる困難があるのを知りながらも、ワクワクハッピー100％でこの世にやってきてるってわけ。

この世では一生分

あの世の一瞬

私　なるほどねえ。じゃあこの世にある自分も、現実も、時間も、全部作られたニセモノってわけ？

ネブラン　体験のみが本物なんだ。だから体験だけはあの世に持ち帰れるんだよ。

この世に遊びに来たことを忘れない

私　だけどさ、あの戦場で戦ってた人たちは、命まで真剣に賭けてたわけでしょ？命がなくなれば、せっかくこの世に来ても何も体験できず終わるのになぜ？

ネブラン　彼らはこの世に来た目的をまるっきり忘れちゃって、この世のリアリティーこそが本物だと思ってるのさ。殺し合って人の命を奪うのを楽しみにこの世に来たわけじゃないのに、ゲームにはまっちゃってるんだ。彼らが命の本質を知り、この世で何をしたかったか思い出せば、「殺し合いなんてしたくない、もっと心から楽しめることをしよう」って思うはずだよ。

私　殺し合いしてた人たちは、本当は楽しんでやってるわけじゃないってわけ？

ネブラン　本人たちはワクワクして楽しいと思ってるかもしれないけど、それは「敵を殺したらきっと自分は天国に行ける」「邪魔な人を排除したら自分が得する」「あの人たちを一掃したら自分は幸せになれる」っていうような、ネガティブでエゴイスティックなワクワクなんだよ。それってこの世に来た目的とは根本的に違うんだ。

私　なるほどねえ。だからこの世には遊びに来たってことを認識すればいいわけか。でも普通に生活してるとすぐ忘れちゃいそうだ。

ネブラン　なるべく心に余裕を持つといいよ。ほんのちょっとでも自分に戻る時間や好きなことを追求する時間を持てば、自分がキャラを演じてるってことがわかってくるから。自分が好きなことをやって、ワイワイ楽しんで、笑える人生を送るようにすることが一番なんだよ！

私　なるほどねえ。ジョイの言ってた通りだな。確かにあの世が帰る家だったら、この世でたくさん楽しんで、山のように〝土産《みやげ》話〟を持ち帰りたくなるよね。

ネブラン　そうだよ。ハリボテの世の中で君は何をしたい？　どうやって生きたい？

私　そうだなあ、この世がハリボテの世界だったら、アドベンチャーな人生もいいもんだなと思えるな。なんだか気が楽になってきた！

　もし自分が人生を楽しむために生まれてきたのだったら、より楽しむために何をしようか？　これからどうやって生きよう？　そんなことを考えていたら、何だかワクワクしてきた。

ウキウキしながら部屋の中を歩いていて驚いた。

「わ！　ザビエル！」

そういえば思い出した。最近飲み始めたビタミン剤のボトルに、ザビエルの絵が描かれてたんだった。

「君は人生を楽しんでるかい？」

ザビエルがそう問いかけているような気がした。

「これを見るたびに思い出しそうだ……」

そういえばこのビタミン剤を買った理由も、健康に気を遣ったからだった。最近は栄養のことばかり気にしていて、ジョイが言うように心が喜ぶものを口にする余裕はまったくなかった。

「せっかくだから、これからは食事だってもっと楽しもう」

すべては自分のプロファイルを作るため

それ以来、少しずつ心が晴れ、人生が楽しくなり始めた。

ところが、しばらくしてバッドニュースを受け取った。入退院を繰り返していた親友の病状が思わしくないというのだ。

「やれやれ……。困難や苦しみも楽しみにやってきたって言ってもなあ。こんな状況どうやったら楽しめるのさ」

ため息をついている私のもとに、またネブランがやってきた。

ネブラン　この世では、さまざまな経験をすることで自分のプロファイルを知ることができるからね。それを楽しめばいいよ。

私　自分のプロファイル？

ネブラン　自分が何者なのか、何が好きか、何に興味があるかってことだよ。君たちはこの世でそれを知ることも楽しみにしてきたんだ。
あの世では何もかも全部すぐに叶ってしまうでしょ？　そうすると自分がどんな傾向にあるのか、何が自分の好みで、どんな動機や発端があって行動するのか何もわからなくなってしまう。自分の想いっていうのがどれぐらい強くて、何をどれだけ欲しているかもわからなくなるんだ。
だから君たちは、時間の流れがゆっくりなこの世にやってきて、好き嫌いを体験して、自分の魂が本気で好きなものを見つけて、自分の本質を見極めたいんだよ。

私　本気で好きなものを見つけて、本質を見極める？

ネブラン　そう。君たちはこの世で、自分が好きなものを発見したり、なんで好きなのか理由を知ったり、細かく追求したりしたいのさ。例えば同じ歌が好きでも、人それぞれジャズが好きとか演歌が好きとか、いろいろあるでしょ？　楽しいことを追求していったらどんどん自分が好きなものがわかって、どんどんプロファイルが更新されていくんだよ。

人っていろんな壁や制限がある中で、好きなことをどうやってやるか考えて実行していくうちに、いろんなことに気づいて、自分を磨いて成長していけるんだ。それもこの世ならではの楽しみなんだよ。だからこの世で君たちが体験する悲しいことや辛いことも、プロファイルの更新には必要なんだ。

私　悲しいことやつらいことを体験しないと、わからないことがあるわけか。

ネブラン　そうなんだ。病気の人の辛さがわかるには自分が病気になるのが一番いい。愛情を知りたいなら、愛情がないところを体験するのが一番いいってわけ。ないものからあるものを知るっていうのは、あの世ではできないことだからね。

例えば、あの世では愛って無条件に与えられるけど、いつも愛があふれた世界にいると、愛っていうのが何なのか忘れてしまうんだ。だから、「愛するってどんなことなんだろう？　愛について知りたい」って思う人がでてきて、この世にやってくる。
そういう人は、この世で失恋したり、愛情のない状況を体験して、「これが愛情なんだ」「これが無条件の愛なんだ」「これが母性なんだ」って気づいて成長して、磨かれていくんだよ。どれだけ成長したのかっていうのは、自分があの世に帰る時に必ず認識できるんだ。

私　だけど、せっかくこの世に来てもなかなか壁が越えられなくて、あきらめちゃって、成長することをやめてしまう人だっているんじゃないの？　だったら、自分がどうすれば成長するのか、どうやったら魂を磨けるのかを早く知った方がいい気がするんだけど、それがなかなかわからない時だってあるよね。

ネブラン　一番いいのが、自分が直面するチャレンジを見ることなんだ。

私　チャレンジ？

ネブラン　例えば君だったら、アメリカ生活で一番仲の良かった親友がいなくなる。その孤独感と喪失感をこれから克服しなくてはいけない。それが君の人生で、プロファイルを更新するために学んで成長するテーマなんだ。

私　嫌だと思っていても避けられない困難って誰でも三つ四つあると思うんだけど、それは自分が学ぶまでは繰り返し起こるんだよ。

ネブラン　あるね、苦手なタイプの人が、仕事を変えてもいつもいるとか。嫌だと思うシチュエーションに何回も遭うとか。

私　そういうことって、自分が気づいて克服できたら、なくなったりするでしょ？

ネブラン　そういえば、嫌だと思った人がいい人になることもあったなあ。

私　それは自分がこの世で勉強して成長したいと思ってることだったからだよ。嫌なやつは、君の成長のためにわざわざ嫌なキャラを演じてくれてたんだ。だから君が成長したら嫌な人としての役目を終えるんだよ。

ネブラン　チャレンジは一つの人生だけでなく、転生を繰り返す中で何度もすることがある。君たちはその困難を克服して、プロファイルを更新することを楽しんでいるんだ。

私　確かに、自分が経験して学んで成長できた時って、とても充実感があるよね。わかったよ、ネブラン、困難を克服する体験を楽しんでみるよ。

第3章

ANOYO to TALK

ホンモノの自分の役割は？

ホンモノの自分はいつもあの世にいる

ANOYO to TALK

＊＊＊明晰夢・寺子屋の授業＊＊＊

ある日の夜、また目が覚めると夢の中でトンネルの中にいた。その先の光に向かって進むにつれ、自分がどんどん小さくなり、お坊さんのような服を着た子どもに変身していくのがわかった。

私　**わっ？　なにこれ？　変身してる！**

ネブラン　**あの世では姿かたちを変えられるっていったでしょ？　この夢もあの世に行ってるからどんな姿にもなれるんだよ。**

私　**でもこの姿……まるで小僧？**

みるみるうちに頭の毛も剃られて坊主になっている。

ネブラン　**ピンポーン！　昔から日本で学ぶところっていったらお寺でしょ？　君はまだ**

あの世については学び始めたばっかりだから、小僧みたいなものだよ。

着いた先はクローバー畑だった。畑の上ではクローバーの花が一面に咲いていて、足の裏に触る感触が心地よい。そのまま足の感触を楽しんでいたら、一人のお坊さんがやってきた。

お坊さんは私の手を取り、お寺の中へ案内してくれた。お寺の土壁には繊細な文字でお経のような言葉が書かれている。奥には狭い急な階段があり、その階段を下りるようお坊さんに促された。板の冷たい感触を感じながら階段をぺたぺたと下りていくと、階下には畳の部屋が両脇にずらっと並んでいた。

「これって寺子屋じゃん。ネブランもいろんなところに連れて行くなあ。っていうかなんで急に日本？　まあそれも面白くていいけど」

そんなことを考えながらお坊さんの後ろを付いていくと、私は向かって右側にある大広間に通された。中には大きな掛け軸と黒板があり、たくさんの小僧たちが待っていた。どうも私を案内してくれたお坊さんが先生のようだ。

お坊さんは自分のことを「一恒《いっこう》」と名乗った。一恒和尚は小枝で黒板をパンパン叩きながら講義を始めた。

一恒和尚

みなさん、今日は〝ホンモノの自分〟についてお話ししますよ。いいですか。

この世に生きる人たちそれぞれには、あの世にもう一人の自分がいます。それを日本では昔から「魂」と呼んできました。ホンモノのあなたはあの世の自分のほうなのです。あの世の自分は今のあなたよりもっと大きな存在で、この世の自分の舵を握っています。

でも、舵取りの役割であるあの世の自分の指示を聞かずに、暴走してできあがった社会が、現在のこの世のリアリティなのです。

一恒和尚がおもむろに黒板に何やら絵を描き始めた。大きな体の横にもう一体の小さな体を描いている。

すると、二体の絵が黒板からポンっと飛び出し、大きな体が話し始めた。

こんにちは。私があの世のホンモノの自分です。あの世の自分は、この世の自分に指示を出しています。この小さいやつ

がこの世の自分です。この世の自分はあの世の自分の指示に従って動くようになっています（右図）。

大きい体が右に行くよう指示すると、小さい体がぴょんと右に動いた。

「へえ、あの世からこの世に生まれてきてからも、あの世にはもう一人の自分がいるんだ！　面白いな！　……おっと、いけない！」

また感情が揺れ動いたとたんに夢から覚めてしまった。

＊＊＊＊＊

私　**ホンモノの自分はこの世とあの世を行き来してるのかと思ってたけど、あの世にホンモノの自分がいて、この世の自分はその一部ってことか。**

そんなことを考えていると、またネブランが話しかけてきた。

ネブラン　**その通りだよ！　ホンモノの自分がこの世で着ぐるみを着てるっていうと、身体の中に魂が入ってるみたいに思えるかもしれないけど、実は逆で、魂の中に身体が入ってるんだ。だからこの世の現実もあの世の中に入っているんだよ。**

私　**あの世の自分の中にこの世の自分がいて、あの世の世界にこの世がある？**

ネブラン　そうなんだ。自分の魂ってすごく大きいんだよ。例えば魂が100だったらこの世の君は5とか、小さいんだ。その分、君たちが物質界で体験してることは、魂から見たら本当にささいなことでも、ものすごく大げさに体験できるんだ。

私　なるほどね。じゃあ100の自分があることを意識したら、ささいなことも気にならなくなりそうだし、大ごとにしないでさらっと流せるかもね。

ネブラン　そう。みんなこの世では何かしらのキャラを演じてるけど、たった5の世界だけの話だと思えばいい。自分の欠点だって、100の自分の視点から見たら大したことない感じがするでしょ。

私　確かにそう思ったら許せる気がするな。100の自分のほうがホンモノだって思って生きると、気が楽になりそう。ネブラン、もっとホンモノの自分のことを教えてよ。

ネブラン　OK！　まず君が楽しいことを少しでもやっていこうよ。今何したい気分？

私　そうだなあ、カフェに行ってラテが飲みたい！

ホンモノの自分。ハイヤーマインド

ANOYO to TALK

近所のカフェは普段よりも混んでいて、注文カウンターには結構な列ができていた。その列に並ぶと、私の目の前に立っている男性に目がいった。すぐネイティブ・アメリカンだとわかる風貌。背が高く、姿勢がよくて、立ち姿がまるでモデルみたいだ。長髪を無造作に後ろで束ねている。どうってことない格好だけど、なんか決まってる。

「子どもの頃からネイティブ・アメリカンの夢を見ていたから、親近感がわくなあ」

過去世でネイティブ・アメリカンだった頃、名前を「ナイール」といっていた。ナイールの意味は「ウインド=風」。あちこちの部族に風のように現れ、必要なメッセージを伝えては風のようにまた去って行く。それが名前のゆえんだった。

過去世の記憶のせいか、私は子どもの頃から、強い風が吹いた時に不思議と心が落ち着くのを感じていた。特にだだっ広くて風が強い場所にはとても惹かれて、落ち込んだ時にはよくそういう場所に行って癒やされていた。

過去世が風貌にも表れているのか、アメリカではあちこちで「君ってネイティブ・アメリカンでしょ?」と言われる。

以前、カリフォルニア、アリゾナ、ユタ、ネバダなどアメリカ国内を3000キロぐらい車で一人旅したことがある。その時にネイティブ・アメリカンの居住地を回り、聖地といわれるセドナも訪問した。

私があまりにもネイティブ・アメリカンの顔をしていたので、現地の人からも大歓迎を受け、「どこの部族なの?」「君、あの部族出身?」などとあちこちで聞かれた。普通だったらお金を払わないと入れない場所でも「君はネイティブ・アメリカンの仲間だからいいよ」と言われて、どこもタダで入れてもらった。

私自身も「昔ここに住んでいた」「ここで何を食べていた」とさまざまな記憶がよみがえってきて、懐かしさのあまり涙が止まらなかった。この旅で私の過去世は本当だったと確信した。

……そんなことを思い出していたら、ふと、目の前の男性が持っていた太鼓に目がいった。見たこともない、すごく目立つ太鼓だ。興味津々で思わず話しかけた。

私　**その太鼓、素敵ですね。もしかして手作りですか？**

男性　**Hi！　私は太鼓をハンドメイドで作るアーティストだよ。今日は瞑想会で僕の太鼓を披露したところなんだ。**

ネイティブ・アメリカンの男性は何だか懐かしい友だちに会ったように私を見ると、そう答えてくれた。

私　**ほー、瞑想会で使うんですか。**

男性　**そう、瞑想で〝ハイヤーマインド〟とつながるために、太鼓を使うのさ。**

私　**ハイヤーマインド？**

男性　**あの世にいて、高い意識とつながっているもう一人の自分のことさ。あの世の自分は生死を超えて存在してる。それがハイヤーマインドさ。君にも、僕にも、誰にでもハイヤーマインドはいるんだよ。**

私　**つまり、ハイヤーマインドっていうのは、あの世にいるホンモノの自分って**

こと？

男性　**そうだよ。正確には、あの世にいるホンモノの自分はハイヤーセルフといって**
その〝意識〟がハイヤーマインドなんだ。

どうやらこの人もいろいろ知っているらしい。

私　**時間があればもう少しお話を聞かせてくれませんか？**

男性　**もちろんだよ。**

そう言って彼はにっこりとさわやかな笑みを浮かべた。その笑顔も何もかもがかっこいい。カフェに来ていた女性客たちがみんなニコニコ顔で彼を見ている。

カウンターでオーダーした飲み物を取ると、私は彼と一緒に座って話の続きをはじめた。彼は快く私の質問に付き合ってくれた。

私　**それで、ハイヤーマインドと太鼓でつながるって、どういうことなの？**

男性　**本当は太鼓を使わなくても、いつだってハイヤーマインドとつながることはできるんだよ。だって、もう一人の自分なんだから、自分と離れることは絶対にないでしょ？**

私　確かにそうだね。ハイヤーマインドって、自分に指示を出してるの？

私は一恒和尚に言われたことを思い出した。

男性　そうなんだ。この世にいる君が表舞台でキャラを演じる舞台俳優なら、あの世にいるハイヤーマインドは舞台裏で君に指示を出す監督って感じだよ。
なぜそれができるかっていうと、あの世のハイヤーマインドの自分は高い意識を持ってるんだ。だから、高い山の頂上から全体を見渡すように、物質界にいる君がよく見えるんだよ（右図）。

私　へえー！　ハイヤーマインドはなんでそんなことをしてるの？

男性　この世の君がちゃんと人生の目的を達成できるよう、サポートするためさ。あの世のハイヤーマインドはこの世の君の人生の目的を知っていて、君が目的を達成する一番の近道も知ってるんだ。そしてそれを君にいつも教えてくれるんだよ。

私　教えてくれる？　どうやって？

男性　君の感情をシグナルにしてさ。ハイヤーマインドの意識にこの世の君がシンクロできた時は、非常に心地よい感情が発生するんだ。

私　だから心地よい感情の正体は、あの世の自分とこの世の自分の心がぴったり一致する時に発生するシグナルってわけ。

私　ってことは、逆に心地よくない感情が出る時って、あの世の自分とこの世の自分の心が不一致になってるってこと？

男性　ビンゴ！

男性はジェスチャーを交えて答えてくれた。その仕草もやっぱりかっこよく決まっている。

心地よい感情を選ぶ

私　じゃあ、心地よい感情になることを選んでさえいれば、ずっとあの世のハイヤーマインドの意識とつながっていられるってこと？　そしてそのハイヤーマインドの意識に添っていけば間違いはないってこと？

男性　その通りだよ！　君が心地よい感情になるのってどんな時？

私　そうだなあ、人を愛する時なんかそうかも。愛情って、誰に教えてもらうわけでもなく自然とわいてくるよね。親から子への愛情なんてまさにそう。人を愛するのは心地よくて、嫌うのは心地よくない感じがするよね。人を思いやる時もとても心地よい感情を感じるね。じゃあ思いやりもハイヤーマインドの意識ってことか。

……そうだ、あとワクワクしている時！　ワクワクって最高に心地よい感情じゃない？　あのなんとも言えない恍惚感ったらないよね！　前に音楽のジャムセッションをした時、ワクワクしてしょうがなくて、まばたきする時間も惜しいくらい楽しいひとときだった。2時間がたったの10分にしか感じられないほどだったなあ。

男性　そう！　ワクワクっていうのは、この人生で自分がやりたいことをハイヤーマインドが教えてくれるシグナルなんだ。実は自分がワクワクすることって転生を繰り返しても変わらないんだよ。例えば僕の場合はリズムが大好き。どの人生においても僕のワクワクはリズムに関することさ。

私　なるほど、ワクワクすることって大事なんだね。

男性　そうさ！　僕がやっている瞑想会では、太鼓のリズムで意識をトランス状態にして、あの世のハイヤーマインドにつながりやすくするんだ。君も一度体験してみるといいよ。

私　ハイヤーマインドとつながれるならつながってみたい！

いても立ってもいられなくなった私は、次に彼が開催する講習会に参加することにした。この時はじめて彼の名前がジェイシーだということを知った。

ハイヤーマインドはパーフェクト

講習会でジェイシーは、カフェで持っていたのとは違うタイプの太鼓を持っていた。

ジェイシーに挨拶をして椅子に座り、周りを見回してみると、彼の甘いルックスも手伝ってか、来ている人がほぼ全員女性だった。

ジェイシーはおだやかな口調で話し始めた。

ジェイシー　**私たちはみんなもともと高い意識を持っています。でも、わざわざこの世に来るために意識を低く下げてからやってきているのです。私たちが「死んだら終わり」という恐れの視点を持ち、生存競争の中をどう勝ち抜いてどう生き抜くか考えるのはそのせいなのです。**

でもそんな時でもあの世にはもう一人の自分がいて、ハイヤーマインドという100％ピュアで100％ポジティブな高い視点で動いています。ハイヤーマインドの視点に添っていれば、自分の望みや自分が探していた答えを導き出すことができます。

ジェイシー曰く、完璧な存在のハイヤーマインドの力があれば何ごとも可能なのだという。

ジェイシー　**ハイヤーマインドは男性と女性のどちらでもなくどちらでもあります。あの世は100％ピュアな場所で、分離するエネルギーがないから、性別もなく統合された状態なのです。**

男性的視点も女性的視点も飛び越えたパーフェクトな存在だから、すべてをパーフェクトにできます。だから私たちがハイヤーマインドの視点になれれば、何があっても大丈夫なんです。

お話の後、太鼓の音とともに瞑想が始まった。目をつぶって太鼓のリズムに乗り、心を空っぽにしていく。心地よいリズムに半ば眠ってしまった感じだった。まるで温泉のお湯に浸かっているようだ。

その感覚を感じているとだんだん、

「本当はいつでも、どんな時でも大丈夫なんだ」

という安心した気持ちになってきた。みんな同じ気持ちになったのだろう、チラッと目を開けてみると、涙を流す女性もいた。

瞑想が終わり、何とも言えない充実感と至福感に包まれながら会場を後にした。

ハイヤーマインドは100％の自分

ANOYO to TALK

その日の夜も、ネブランによる解説が始まった。

ネブラン　この世の意識とハイヤーマインドの意識は違うエネルギーに見えるかもしれないけど、一つなんだよ。物質界の君たちは100のハイヤーマインドから5％とか10％とかだけ分離してきてる、100の自分のほんの一部なんだ。

私　でもあの世の自分は100％パーフェクトで100％ポジティブなのに、なんでこの世では100％ハイヤーマインドの意識にはなれないの？

ネブラン　それは君たちがこの世を体験するためだよ。だからこの世に意識をフォーカスさせることも必要なんだ。
すべてはエネルギーのバイブレーションだからね。例えば君たちがいる世界の波動域が5だとしたら、5に関連付けられている思考やアイデア、物質にのみアクセスできる。類は友を呼ぶと言われるように、自分にない波動を体験することはできないんだよ。
例えば、ファーストステップでは攻撃方法が一つだったのに、ステップアップしたらどんどん攻撃方法が増えていくゲームってあるでしょ？　でもファーストステップでは次にどんな方法があるのかまったくわからない。それと同じなんだ。

私　悪霊だとか恐ろしい霊の話ばかりする霊媒師さんは、恐ろしい想いの波動域と本人が接点を持っているからシンクロできるんだよ。もし彼らがハイヤーマインドの波動域にシンクロできたら、また違ったものが見えるはずさ。
じゃあ、5の世界にいると、10に存在する思考やアイデアにはアクセスできないってこと？

ネブラン　基本的にはそう。だけど今は5でも、徐々に5↓10↓20↓30という具合に波動を上げていったら、アクセスできる領域もアップグレードされるんだよ。
この世で君たちは限りなく100に近づける旅をしてるんだ。そしてこの世の君たちと、あの世のハイヤーマインドは連動してるのさ。

私　連動してる？

ネブラン　この世の自分が成長すると、ちゃんとハイヤーマインドの自分も成長するんだ。ハイヤーマインドは常に100%なんだけど、こっちの5%の自分が5%増えて10%になったら、ハイヤーマインドの自分も5%増えて、完全版がもっと完全版になる。100は100だけど、流動的で、次の瞬間に一つ前の100よりもっと拡張して、大きな100になるっていう成長の仕方をするんだ（下図）。

私　常に変動する100かあ。どんだけ変動しても100の自分なの？

ネブラン　そう。ハイヤーマインドは常に100なんだ。100の立場で、5%とか10%のこの世の君たちにはアクセスできない領域から見てるから、君たちの状況がよくわかるんだよ。ああ壁にぶつかってるなとか、困難を経験してる

なとか、もうちょっと上の視点から見ればいいのにとか。

私　それで私たちに指示を出せるんだ。今この時間もそうしてるわけ？

ネブラン　そうさ。常に24時間ずっと見てくれてるんだよ。今でもあの世にはハイヤーマインドがいて、君たちの想いや願いを100％認識してくれている。だからハイヤーマインドは、自分の一番の理解者でもあるんだ。

私　じゃああの世の自分はグズじゃなくって完璧なのかな。

ネブラン　あの世のハイヤーマインドは完全版だよ。君にはまだ可能性というタネしかないとしても、ハイヤーマインドはそれを花開かせて実が生《な》ったバージョンを持ってるってわけさ。

私　実が生ったバージョン？

ネブラン　例えばピアノを習いたいって発想を誕生させるのがこの世の君たちだったら、ハイヤーマインドはもう完璧にピアノを弾いてる体験をして、完璧に弾ける能力をもってるのさ。君たちが望みを持った時、すでにハイヤーマインドはその望みをかなえる方法を知ってるんだ。

私　じゃあ、今の自分はピアノに興味があっても、大してできないけど、ハイヤーマインドは……。

ネブラン　すでにプロ級の技を持ってるってこと。

ハイヤーマインドは愛情100％

私　へえ、100％の自分はパーフェクト。なんでもできちゃうなら、どんな人でも、何でも許せそうだね。

ネブラン　そう。だから完全版の自分は愛情100％だよ。あの世は無条件の愛の自分が当たり前の世界なんだ。だからブッダやキリストが見せてくれた、理想的な人間像をまったく偽りなく体現できるんだよ。

100％の愛情と思いやりとを持って、それでいて莫大な知識がある。差別や偏見もまったくなくて、すべてのものが愛おしく感じて、無条件の愛をすべてに注ぎ、すべてを受け入れられるんだ。

私　うーん、自分のハイヤーマインドは聖者みたいな人なんだ。すごいな。この世の自分には好きになれない人もたくさんいるのに……。

ネブラン　たとえこの世の君が「あの上司はどうしても好きになれない」と思ってたとしても、ハイヤーマインドの視点では〝愛している〟って思ってるんだよ。この時、あの世とこの世の視点にブレが生じているから、この世の君は〝不快〟な気分を味わうことになるんだ。

ネブラン　確かに、人を嫌う気持ちって不快だから、本当はみんな愛せたら理想的なんだけどなあ。でもあの世の自分がどんな人のことも愛してるなら、少しは見方が変えられるかもしれないな。

私　じゃあさ、例えばこの世で自分の家族を殺した人がいたとしても、ハイヤーマインドは憎しみを感じないわけ？

ネブラン　そこに良いとか悪いとかのジャッジを加えることはないよ。

私　めちゃくちゃ器が大きいんだね。じゃあ人は本当は誰でもそういう無条件の愛を持ってるってことか。

ネブラン　そういうことだよ。〝心に宿る光こそがホンモノの神聖な自分〟……君が前に読んだ本にそう書いてあっただろう？

私　そういえばあった！　神聖な自分がホンモノの自分だから、誰かに教えてもらうわけでもなく、みんな優しさや思いやり、真心が心の底からわいてくるんだ、って。

ネブラン　あの世では誰でも神聖な自分になれる。人を騙したりウソをついたり、悪いことだって、体験してみたかったらできるんだけど、それを選択する人はいないんだよ。だって、愛情100%の世界にいると、自分が傷つくことはなくて、常にハッピーでいられるからね。ハッピーな状態で人を困らせようとか、変なことをしようって気にはならないんだよ。君たちもあの世に行ったら、すぐに100%ハイヤーマインドの意識になるよ。

この世で分離する目的

私

だけどそんな100の自分があの世にいるのに、なんでこの世ではわざわざ5%とかに分離しちゃうわけ？

ネブラン

そうしたほうが楽しめるからさ。君たちは、5から100の自分を目指して成長し、プロファイルの更新をする体験を楽しみたいんだ。5の自分が2倍の10になれば、その分体験できることも2倍になり、喜びも2倍になるからね。最初から何でもできちゃうなら、できないところからできるところに成長する体験はできなくて、何も学べないでしょ？　それではこの世に来る意味がないんだよ。だから100のままでいたい人は、わざわざこの世には生まれてこないんだ。

私　でも、ブッダやキリストっていうのは100じゃなかったの？

ネブラン　彼らも、この世ではちゃんと5ぐらいのところから始めたんだよ。この世で覚醒して5から100に成長し、それで得た知識をみんなにも広めたわけ。そもそも教祖の人たちは、宗教を始めようと思ったわけではなくて、こういった生命の本質を知ったらもっと楽に生きられるってことを伝えたかっただけなんだ。

どんなに立派な人でもこの世で最初から100の人はいないんだよ。みんな君たちと同じだったんだ。だから今の自分が5％程度だって、グズだってなんだって、それはアリなんだ。今がダメだからって嘆くことはない。ただ自分が成長したい気持ちに従っていけばいいんだ。

私　そうかあ、あんなに立派な人たちも同じだったと思うと、気が楽になるな。だけどハイヤーマインドから見たら、「しょうもないことでもがいてるな～」とか「変なことやってるな～」とか思えるんじゃない？

ネブラン　優しく見守って導いてくれるから大丈夫さ。ハイヤーマインドはいつもサインを君たちに送ってくれてるんだよ。ジェイシーが言ってたでしょ。心地よい感情がサインだって。

ハイヤーマインドが人生を導いてる

私　心地よい感情かあ。確か、愛や思いやり、それから……ワクワク！

ネブラン　そう。心地よいほうを選んでいくとだんだんハイヤーマインドのエネルギーにアクセスできるようになる。ハイヤーマインドの導くほうって、機械でいうスムーズに動く側なんだよ。

私　スムーズに動く側？

ネブラン　機械がスムーズに動いてるときは快適で、きれいな音がするけど、あまりスムーズじゃないときは、ガガガガって不快な音がするでしょ？　どっちがハイヤーマインドの視点なのかも同じで、自分の気持ちでわかる。ハイヤーマインドと分離してるときは、何か引っかかりがあったり、ギュッと縮こまった感じがあるのさ。

私　なるほどねえ。不快な感情と心地よい感情、どちらかは自分でわかるもんね。

ネブラン　でしょう？　そこで自分の感情に気づいて、気持ちいい方向に行こうとすることは、ハイヤーマインドとつながろうとするのと同じことなんだ。

人はこの世で好きなことを知り、それを体験して人生を楽しむために来てるって言ったでしょ。その好きのエネルギーの最高潮のバイブレーションがワクワクなんだよ。ワクワクって、自分がこの世でこれを追求しようとか、これをやりたい、ってことを知らせてくれるシグナルなんだ。

私　なるほど、みんなこの世で体験したいテーマがあって、テーマに沿ったことをした時は楽しくてワクワクするってわけか。

ネブラン　そういうこと。ワクワクっていうのは、もともとの自分が持っている最高のエネルギーなんだ。

温度で言うと、100℃が最高だとしたら、今30℃の低い温度だったとしても、ワクワクすることで40℃、50℃とどんどん上げることができるのさ。

私　確かに楽しい時、嬉しい時って、エネルギーに満ちあふれて、温度も沸点に近いような感じがするな！　ワクワクを追求するのが人生の目的だと思ったら、なんだか楽しくなりそうだ！

第4章

ANOYO to TALK

命は永遠。魂に死はない

ホンモノの自分は永遠

ネブランからいろいろと教えてもらうようになって、自分の気持ちもだいぶポジティブになってきた。

だけど残念なことに、親友の症状はどんどん悪化し、この世での永遠の別れが着実に近づいていてきた。

ある時、日本やいろんな場所から集まった友人たちと親友のお見舞いに行った。１００キロ近かった大柄な彼は、50キロにまで痩せてしまっていた。それでもとても明るく朗らかだった。

親友 **あっちで会おうな！　またもうちょっと後にな！　土産話持ってきいや。待ってるで！**

それを聞いてみんな笑い合った。ひとしきり笑った後、彼は奥さんに、

親友 **どっちみち来世でも一緒だしね。**

と言った。それを聞いて今度はみんな大泣きしていた。

親友夫婦は他に見たこともないくらい円満なカップルだった。二人がずっとお互いに恋している、そんな関係に見えた。いつもどこでも一緒じゃない時はないし、何をするにも二人で一つのいわばニコイチだった。

病室を出る前、親友は、

親友・ **余は満足じゃ。**

と言って笑っていた。

本人が自分の運命を受け入れ、安らかな気持ちでいるのは救いだったけれど、残される身のほうはつらかった。

ネブランの言うとおり、これは自分にとって克服できる困難なんだと思ってみたけど、克服する準備はまったくできていなかった。

＊＊＊明晰夢・子どもの頃の自分＊＊＊

その夜、またトンネルをくぐって明晰夢の中に入って行った。

私 **ネブラン、今度はどこに連れてきたのさ？　たくさんの建物が並んでるけど。**

ネブラン　あれ？　ここ何だか見覚えがあるような……。あっ！　もしかして！

　　　　　そうだよ、君が子どもの頃過ごした集合住宅だよ。

私　　　　あれっ、子どもの頃の自分がいる！

　小学校低学年ぐらいの私が、同じ集合住宅内の遊び仲間数名と遊んでいた。

ここは、そうだ、焼却炉！

　あの頃、敷地内に設置された焼却炉がみんなの一番のお気に入りだった。不用になった粗大ゴミがたくさん集まってきて、まだ使える物でいっぱいだったからだ。ゴルフクラブやアイロン台、欠けた食器や枕まで、いろんな粗大ゴミを仲間たちと物色していた。

　持ち帰った物は、自分たちの〝隠れ家〟に置いて宝物にしていた。敷地のすぐそばに橋があり、その下の洞窟が私たちの〝隠れ家〟だった。洞窟といっても小さなくぼみでそれほど奥行きはない。でも子どもにとってアジトにするには十分な場所で、仲間以外には内緒にしていた。

　当時焼却炉ではどんなものでも焼かれていた。硬くて大きな物体も、次の日には灰になっているのが何とも不思議だった。

子どもの私

みんな灰になっちゃうんだ……。

「人は死ぬと灰になって土に還る」って大人たちから聞かされていたけど、自分たちもいずれこれと同じ白い粉になるんだ、と漠然と思っていた。

あの頃、自分たちはある意味ゴミを死から救う救世主みたいだと思っていた。隠れ家にはものすごい量のゴミが集められ、私たちは「自分たちが救った粗大ゴミは生命をもらって永遠に生き続けるんだ!」と言って、粗大ゴミを生き物のように扱ってリスペクトしていた。自分の家にある与えられたおもちゃたちよりも大切に扱っていたかもしれない。

自分の意思で持って帰って、生命を吹き込んだと思っていたから、愛おしくてしょうがなかったのだ。まるで神様になった気分だった。

隠れ家でゴルフクラブを大事そうに扱っている小さな自分が見えた。

「あれは、私の宝物!」

そうだ、ゴルフクラブは私が最も気に入っていた粗大ゴミだった。魔法の杖に見立ててみたり、お気に入りのシールを貼ったり、シャフトにキズを彫って模様を入れたりした。

大人　**こら！　ゴミを勝手に持ち帰ったらダメじゃないか！**

次の瞬間、怒って隠れ家にやってくる大人たちが見えた。これは……ゴミが見つかって何もかもが終わってしまった日だ。

子どもの私は大泣きして、ゴルフクラブを抱え、

子どもの私　**お願い、何でもするからこれだけは助けて～～!!**

と懇願した。だってせっかく命を救った宝物が白い灰になるなんてがまんできなかったから。でも子どもたちの訴えもむなしく、すべてのゴミは戻されて焼かれ、焼却炉には鍵がかけられてしまった。

その数日後、みんなで出入り禁止になった焼却炉によじ登って入り込んだ。でもゴルフクラブも何もかも灰になり、跡形もなくなってしまっていた。

その姿を呆然と眺めながら、私は、

子どもの私　**自分のゴルフクラブは死んだ。でも、心も灰になってしまうんだろうか？**

そんなことを考えていた。

大人　**君たち、何してるんだ！**

焼却炉に子どもたちが入っているのを見つけたおじさんが、慌てて駆けつけた。やばい、カミナリおやじに見つかった！　このおじさんは、子どもたちが椿のつぼみをもいで踏んだりしていると鬼のように怒る怖い人で、みんなに「カミナリおやじ」と呼ばれていた。

おやじ　**出てきたらお菓子をあげるから、すぐにそこから出なさい！**

怖いカミナリおやじにそう言われ、抵抗することもできずに、みんなしょうがなく焼却炉の壁をよじ登って外へ出た。

約束通りカミナリおやじは私たち一人一人にお煎餅を1枚ずつよこした。私はさっきの疑問が忘れられず、カミナリおやじに問いかけた。

子どもの私　**おじさん、心も死んじゃうの？　灰になって死んじゃうの？**

おやじ　**いいや、死なないよ。ずっと永遠に生き続けるんだ。だから悲しむことなんてないんだよ。**

カミナリおやじはいつもの怒る時とはまったく違って、とても優しい声で答えた。その時の私にとっては意外な答えが返ってきたのが印象的で、「そうなんだ！　人って姿かたちはなくなっても、死ぬことはないんだ！」と思ったことを後々までずっと覚えていた。

「ああ、思い出した。そういえば、カミナリおやじの奥さんはこのちょっと前に亡くなったばかりだったんだっけ」

私はネブランに導かれ、思い出の場所から雲の上にやってきていた。するとどこからか椿の香りが漂ってくる。

辺りを見回すと、カミナリおやじと奥さんが立っていた。カミナリおやじはあの頃のままの風貌で、椿の花を持っていた。

今の私　カミナリおや……いや、おじさん！　お久しぶりです！

おやじ　君があの世に来てるっていうから、会いに来たよ。私は今あの世で奥さんと仲良く暮らしてるんだ。

今の私　そうなんですか！　あの時おじさんが言ったこと、思い出してました。

おやじ　人は永遠に生き続けるって、我ながらいいこと言っただろう。あれから私も亡くなって、やっぱり自分が言ったことが本当だったってわかったよ。やはり死はありえないんだ。その代わりにカタチを変えて命が継続されていくんだよ。

カミナリおやじとの再会を懐かしんでいると、外から大きな音がしてハッと目が覚めた。

＊＊＊＊＊

時間を見るとまだ真夜中だった。嵐が来ているらしく、ゴーッという音が聞こえてくる。窓の外を見ると木がぐわんぐわんとしなっていた。その姿がまるでヘビメタやハードロックの人が頭を激しく振るヘッド・バンキングのようだ。

「木が屋根に倒れこんだりしないだろうか」

と不安になったけど、心の中では風にどこかワクワクしていた。

「〝人は永遠に生き続ける〟とカミナリおやじは言っていた。ということは、人はこの世で転生を繰り返しながらも、あの世の自分はずっと生き続けるってことなんだろうか」

ネブラン

その通り。ホンモノの自分の命は永遠なんだよ。

ネブランがささやいた。

ネブラン　真の意味では人は死なないんだ。この世の話だけで言えば、身体は魂の乗り物だから、時が経つと壊れてしまう。それがこの世の死だ。でも、魂は形を変えながらずっとずっと生き続けていくんだよ。

私　つまり、〝ホンモノの自分〟が消えてなくなることはあり得ないってこと？

ネブラン　そう。人の命、魂はエネルギーだからね。今は物理学でも証明されているように、エネルギーを消すことは絶対にできない。カタチを変えてずっと永遠に存在し続けていく。だから死はエネルギーの性質上、絶対にあり得ないんだよ。人は輪廻転生を繰り返してカタチを変えるけど、自分という存在は消えることなくずっとずっと永続していくのさ。

よくDiamond is forever って言うでしょ？　変わらないものはホンモノ。人の命もそうなんだ。ホンモノの自分は forever の命を持つ。絶対に変わらないし、壊れない。

私　じゃあ、壊れてしまう人の体は、ホンモノじゃないのかい？

ネブラン　物質的なものはホンモノじゃないんだよ。地球でも素粒子だとか分子は絶対に壊れないけど、形成された物質は壊れる。プラスチックのボトルはすぐ溶けちゃって壊れるでしょ。それはニセモノ、仮の姿ってことなんだ。でも、心はホンモノだから、絶対に壊れないし形は崩れないいんだ。これを理解しないと、人は死なないということを真に理解することはできないんだよ。

私　なるほどねえ。それでホンモノの自分は形を変えながら、あの世での人生とこの世での人生を繰り返してるってわけ？

ネブラン　そうだよ。死は存在しない。生の繰り返しのみが存在している。死は再生であって、あの世での新しい人生の始まりなのさ。

エネルギーが消えることはない

私　この世での死は、あの世での生ってことか。そう考えると何だか救われるな。じゃあ、あの世で私たちはどんな生活をしてるんだい？

ネブラン　あの世ではこの世と変わらない生活をすることができる。君が望めば、地球みたいな星で、海や山があり、街があり、人が集うところで生きることだってできる。

ただ、この世との違いは、苦しみや悲しみを飛び越えた高い意識の中で生き続けていける世界だってことさ。

私　それが、100%の世界ってわけか。

ネブラン　そうなんだ。人が身体の死を体験してあの世の住人になったとたん、重たい想いは手放されて、ハイヤーマインドの100%の自分になる。

私　でもさっきネブランが言ったように、一度生まれたエネルギーが永遠になくならないんだったら、どうなっちゃうの？

ネブラン　エネルギーは決して消すことができない代わりに、どんどん重なり合って増えていく性質があるんだ。だから、引き算の世界じゃなくて足し算だけの世界なんだよ。君の思いというエネルギーだってずっと存在し続けるのさ。

私　増え続けるって、時間と空間の制限されてるこの世からすると不思議だけど、あの世には制限がないんだったっけ。今の物理学でもそんな話があったような。何となくわかってきたよ。

オーバーソウルからワンネスへ

ネブランはさらに話を続けた。

ネブラン　あの世の住人になってハイヤーマインドの視点を得ると、すべての輪廻転生の人生にアクセスできるようになるんだよ。ハイヤーマインドは〝オーバーソウル〟とつながっているからね。

私　オーバーソウル？

ネブラン　オーバーソウルはハイヤーマインドの集合体さ。ハイヤーマインドよりもっと上にいて、ハイヤーマインドをコン

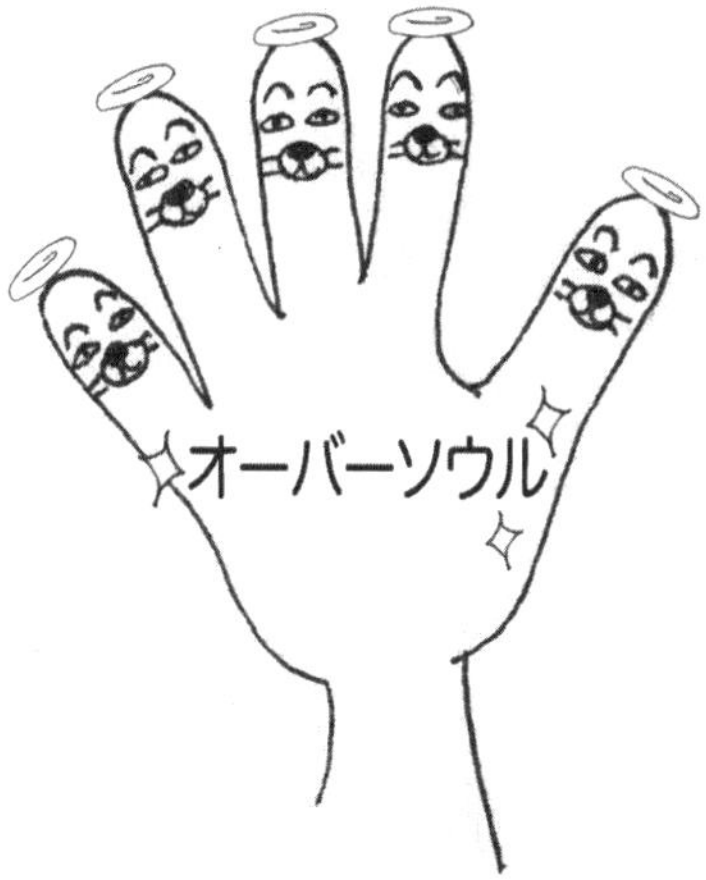

トロールしてる存在なんだよ。

たとえていうならオーバーソウルが手で、ハイヤーマインドはオーバーソウルの指みたいな感じだ（前ページの図）。オーバーソウルの上にはまたさらに大きなオーバーソウルが存在している。さらに上にはもっと大きなオーバーソウルが存在している。これをたどっていくと、やがて一つの意識につながっていく。それを〝ワンネス〟という。ワンネスは神の意識ともいわれている。

私　もとを正せばすべてのものは一つなんだってよく聞くけど、それがワンネスっていうのか。

ネブラン　そうさ。つまり君たちは多次元的存在なんだ。グラデーションのような感じで多次元に君という存在がいて、それが高次元にまでつながってるんだよ。

誰であろうと、どんな生命であろうと、同じワンネスというエネルギーから誕生してる。ワンネスという一つの意識体のエネルギーからそれぞれが分裂して今のような形になってるんだ。

すべてはエネルギーでできてる、そのバイブレーションで形を変えて、動物や人間ができる。精神もそうだって言ったけど、その一つ一つはもともとワンネスという一つのエネルギーから分かれたもの（左図）。エネルギーがどれだけ増えて、形を変えていっても、すべてはワンネスのもとにあるんだよ。

私　量子力学でも証明されてるってやつか。

ネブラン　そう。ワンネスのエネルギーが消滅するってのはあり得ないってことは、物質的にも精神的にも証明できるんだよ。

分裂して経験を積んでいる

私　なるほどねえ。でもワンネスは何のためにそうやって分裂してるわけ？

ネブラン　それは、分裂していったほうがいろんな経験ができるからさ。各自の経験はすべてワンネスに集められるんだ。

私　端末のパソコンがいっぱいあるサーバーみたいなものかな。端末を使う人が多ければ多いほどデータはたくさん集まるでしょ？

ネブラン　じゃあ今の自分たちって、本当に末端の人たちってわけ？

私　一番の初歩を学ぶビギナーって感じだね。

ネブラン　ホントに寺子屋の一番下の小僧みたいなもんなんだね……。

ただ、小指の爪が一つ割れただけでも君は痛くて眠れない時だってあるでしょ？　それと同じで、ほんのちょっとした経験でも、君のしたことの一つ一つが、ワンネスにとってとっても重要な情報になるんだ。

私　私たちは体験をしながら、貴重なデータをワンネスに渡してるってわけか。

ネブラン　そう。そしてそのエネルギーはなくならず、サーバーに保存されてる。今まで誰かが考えた想いや思考というエネルギーはすべて残されているんだよ。だから今でも、ニュートンやらソクラテスやらのアイデアや想いにアクセスできるのさ。

伝統や伝承もこの世に住む人たちの手によって受け継がれていくものではないんだよ。本当は人間が無意識にあの世のサーバーにアクセスして、データを引っ張ってきて伝承されているんだ。

私　本当？　でもそう言われてみれば、伝統文化ってなんだか見えない魂みたいなものを感じる気がする。

ネブラン　じゃあそれぞれ個々の人間だったり、動物や植物はもともと一つにつながってるのかあ。

私　だからあの世では動物や植物の気持ちだってわかるんだよ。実は君たちが気づいてないだけで、この世でも意識の上ではみんなつながってるんだけどね。

ネブラン　ネブラン、あの世のことって、いろんな人がそれぞれ違うことを言ってるけど、それってもしかして同じことを言ってるんじゃないの？。

私　よくわかったね。この世では意識が分離してるから、人それぞれの捉え方によってニュアンスが変わったりしてるけど、もとは同じことを言ってるんだよ。例えば同じキリスト教でも始まりは一つだったはずだけど、捉え方が違うからいろんな宗派が存在してるでしょ？　キリスト教だけじゃない、仏教も神道もみんな、言い方は違うけど、根本的には同じ仕組みのことを教えているのさ。

今までネブランが教えてくれたことで、大きな流れを知ることができたよ。今の自分がどこにいるのか、何の目的でここにいて、どういう状況にいるのかわかると、生きづらさがなくなって生きやすくなるな。現実に対するとらえ方を変えるのって大事だね。

ネブラン　そう。君たちは、今起きてる現実を別の視点で見れるようなイマジネーションを持つといいのさ。自分はこの世にだけしかいない、死ぬと全部がなくなると思うと死が恐怖になる。でもあの世にいる自分がホンモノの自分だと思うと、恐怖はうすれて、せっかくの人生をもっと楽しもうって思えるでしょ？　それにこの世で何かチャレンジして失敗したとしても、いつだってまたチャンスが巡ってくると思ったら、ガッカリせずにまたチャレンジできるんじゃないかな？

私　本当にその通りだね。それに、この世での親しい人との別れは寂しいけど、またあの世で会えると思ったら、少しは立ち直れる気がしてきたよ。

第5章

ANOYO to TALK

自分軸で生きる

自分が自分の太陽になる

ANOYO to TALK

少しだけ親しい人の死を乗り越えられる気になった時、親友の訃報が届いた。

ネブランのおかげで思ったよりは受け入れることができたけど、しばらくの間はやっぱり寂しかった。心にぽっかり穴が空いてしまったような気がして、どうやって毎日を過ごしていけばいいのかわからなかった。

私　ねえ、ネブラン、実際にこの世に生活してると、心地いい気持ちや、ワクワクを選ぼうとしてもなかなか難しい時もあるよね。無条件の愛を目指しても、受け入れられない相手だっているし。亡くなった人とこの世でもう会えないことだって辛くなるし……。ハイヤーマインドの自分へレベルアップしていきたくても、挫折しそうなときだってある。現実は厳しいよ。

ネブラン　うーん。そういうこともあるかもね。じゃあこれまでの知恵をどうやって現実

で使っていくか、少しずつ教えていくよ。

その時、ラジオから流れる音楽にハッと気づいた。シンディー・ローパーの歌「トゥルー・カラーズ」だ。トゥルー・カラーズとはホンモノの自分、ホンモノの色っていう意味だ。

「ホンモノのあなたの色は美しい。それがあなたを愛する理由。だから恐れずにあなたの色を見せて」というような歌詞の曲をじっと聴いていると、突然家の電話が鳴った。

私 **ハロー。**

電話の相手 **久しぶり！　私よ！**

思いがけない人からのコールに、私は目を丸くした。

次の休日、近所のカフェで、彼女と一緒のテーブルにいた。

電話の相手 **あなたに用事があったから、連絡しようと思ったんだけど、どうしても彼との思い出がよみがえってしまって、これまでできなかったのよ。でも今回は思い切って連絡してみたの。**

コールの相手は亡くなった親友の奥さんだった。

私　**元気そうで安心したよ。**

親友が亡くなった時には憔悴《しょうすい》しきっていた彼女が心配だったけれど、久しぶりに会った今日は、別人のように元気に見えた。

彼の思い出話や、共通の友人の近況などひとしきり話しているうちに、奥さんがふとこんなことを言った。

奥さん　**私、彼を病気で失うことになって、初めて大事なことに気がついたの。**

私　**大事なことって？**

奥さん　**自分自身が自分の太陽じゃないといけないんだ、ってことよ。**

私　**自分が自分の太陽になるって、どういうこと？**

親友の奥さんはこう答えてくれた。

奥さん　**そうね、〝自分軸〟で生きるってことかな。**

私　**自分軸で生きるって？**

奥さん　**自分の心を中心に考え行動すること。自分の心に添って動く、自分の想いで動く、心で感じる通りに動くってことね。**

夫が生きていた頃の私は、彼が自分のすべてで、全権を彼に託していたわ。だ

から彼と一緒にいないと不安だったし、彼が全部なんとかしてくれるとも思ってた。

その分、自分は何もできない役立たずのままでいいって思ってた。空っぽな自分を変える必要はないってずっと思ってたのね。

だけど、彼が病気でもう助かる見込みがないとわかって、これからは自分にとって一番信頼してた人がいなくなる、助けてほしい時に助けてもらえないし、何のアドバイスもサジェスチョンももらえなくなるんだって気づいたの。その時、今まで自分は他人軸で生きてたんだ、だから何もできなかったんだ、ってやっとわかったのよ。

それからは、自分軸になるように努力してきたわ。彼に託してたことも全部自分でやって、自分で全部答えを出すようにしてきたの。

私にとってはすごく大変な作業だったけど、その分、自己評価がぐんと高くなったわ。

私　そうだったんだね。確かに前と比べて変わった感じがするよ。

彼女は以前に比べてぐんと輪郭がハッキリして、個が確立してきた感じがして、強くたくましく見えた。

他人軸は自分のパワーを放棄する

奥さん　彼が生きていた時、私にとっては彼が太陽で、元気の源がすべて彼だったの。

彼女は過去を振り返ってそう言った。確かに親友と奥さんはニコイチでとても仲が良かったけど、奥さんはいつも親友に頼っていたように見えた。

私　その頃どんな状況だったの？　もう少し詳しく教えて。

奥さん　あの頃は自分の意志はゼロだったの。自分のやりたいことを主張するときもあったけど、基本的には彼の言うことが全部正しいと思ってたから、彼が左って言ったら左、右って言ったら右に行く、やれと言われれば「はい」って言ってやる感じで、たいていのことは彼に従っていたわ。自分で判断して行動することなんてめったになかった。彼が何でもかんでもやってくれたから、めんどうなことを全部丸投げしてたのね。

自分がどう感じるかを優先順位の最後にして、他人がよいと思うものを優先してると、自分が何がしたいのかもわからなくなるのね。その時は自分が何が食べたいのか、どこへ行きたいのかもわからないし、いつご飯を食べればいいのか、歯を磨くのか、どこが顔を洗うタイミングなのかさえも明確に判断できないくらいだったわ。でもそれって考えてみたら不自然なことよね。

だから彼との生活は楽しかったんだけど、常に寂しい気持ちになるし、いつも自分は何の価値もない人間だと思ってて、気持ちが落ち込んでいるままずっと生きてた感じだったわ。達成感もまったくなかった。例えばプラモデルも、自分で組み立てないで誰かに作ってもらっても達成感ってないでしょ？　それと一緒だったのね。

自分では気づかなかったけど、ずっと鬱《うつ》だったと思うわ。自分のパワーを全面放棄して、自分の中身を他人のエネルギーで埋めようとしたって、本当はできるわけがないのよ。それじゃあいつもエネルギー不足になっちゃうし、だんぜん鬱にだってなりやすいわよね。

自分軸でグラウンディングできる

私　そうだったんだね。彼の死も君にとって無駄ではなかったと思ったら、少しは救われる気がするな。

奥さん　そうね。最愛の人の死を通して、たくさんのことを学んだわ。自分で生きていくしかチョイスがないから、何でも一人でやらなきゃいけない。でもやってみると、今までできないと思ってたことがどんどんできるようになって、「あっ、自分にもできるんだ」って思えるようになったの。
自分軸になるには、自分を信じることが大切なのね。「自分には可能性がある、できる」ってポジティブにとらえることで、軸がしっかりして、揺るがない自分が作れるみたい。だからグラウンディングできるのね。

私　グラウンディング？

奥さん　地に足がついてるっていうこと。地面に根っこをしっかり生やして、何が起こってもぐらつかないくらい軸がしっかりしてるってことよ。

私　じゃあ今の君はグラウンディングして、自分軸で生きられてるって感覚があるんだね。

奥さん　ええ、自分軸で生きてるわ。誰かに頼りたくなることももちろんあるけど、全部自分で考えて行動してる今の生き方は、すっきりしてる感じよ。自分の思ったように動けると、結果がたとえ悪かったとしても後悔しないのね。
それに、他人軸で生きている時は、人のせいにして言い逃れしてばかりで、進歩がなかったのね。他人のことを自分に置きかえて考えることだってできなかったから、思いやりもなかった。

今では、全部結果を自分で受けとめられるから、愚痴や文句なんて言うことも少なくなってきたし、自分を受け入れてくれる人たちにも感謝できるようになったわ！

自分軸は心を満たす

奥さん

奥さんは、親友が生きている間に一つだけ、自分軸で行動したことで悔いのない体験ができたと話してくれた。

それは夫の介護のことよ。私がしたいと思ったすべての方法で、私が与えたかったすべてのベネフィットを夫に差し出すことができたの。

それがたとえ効果が見られない方法であっても、自ら愛する人に、自分がしたいと思ったことをすべて与えることができた。心を込めて大好きな人を看てあげたいという、自分の想いにちゃんと添えることができた。だから、彼の介護に関してはまったく後悔していないの。それが夫の生前に私がしたことで、たった一つだけ自慢できることよ。
それに、心に添ってフルで行動した分、夫の死も受け入れられたし、心の回復もわりと早かったの。自分軸でやりきった感覚ってこんなにも心を満たしてくれるのね。この若さで夫を看取ることができたのは、ある意味幸せなことだったわ。

そう言い切る奥さんの顔はどこか晴れ晴れとしていた。

私　素晴らしいなあ。見習いたいよ。だけど君は夫の死という大きな経験をしたけど、今まで他人軸で生きてた普通の人が自分軸になるには、そういうきっかけがないと難しいものなのかな。

奥さん　「自分を変えるんだ、自分軸で生きるんだ」っていう意志が持てれば、きっかけはどんなことでもいいと思うの。
一度決めたら、あとはほんの小さなことでもいいから少しずつ変えていけばいいと思うわ。例えば友達とランチに行くときに、「私はこれが食べたい」ってちょっと主張するとか、やんわりでもいいから嫌なものは嫌って言ってみるとかね。
以前の私はそんなこともできなかったの。人に嫌われるのが怖くて、相手に合

わせては疲れてしまって、結局出かけるのも面倒になってやめたりしていたわ。でも自分の主張ができるようになって、人と会うのも楽しくなってきたの！　だからフルに自分軸で生きられる人はあまりいないかもしれないけど、少しでも自分軸で選択していくことがすごく大事だと思うわ。

別れ際に彼女は、

奥さん　**お互い悔いのない生き方をしましょうね！**

と笑顔で言って立ち去っていった。

自分軸は快適モード

それから何日か、親友の奥さんとの話を振り返っていろいろ考えていた。

「奥さんが元気そうで何よりだった。でもなんだか自分一人が取り残された気分だなあ……」

ずっと鬱々とした気分から立ち直れない自分とはえらい違いだ。

ふと親友のことを思い出した。彼こそまさに心の中に軸が立っているやつだった。どんな時でもブレない自分を持っていた。でも軸があるからって頑固でも自己中心的でもない。いつも穏やかで楽観的で、人にも優しくて思いやりがあった。ただ心が共鳴することに素直に反応してるだけだった。だから彼のところへ相談に来る人は多かったし、自分もその一人だった。

「よく考えたら、あいつは〝生けるハイヤーマインド〟みたいなやつだったな。奥さんが彼の言うことが全部正しいと思ってた気持ちもわかる」

奥さんは「これからは彼のように自信を持てるようになりたい、そして彼のように力強く生ききってみたい」と言っていた。

「親友の生き様から学べることがいろいろありそうだな……」

そんなことをソファに座って考えていたら、急に眠気が襲ってきた。

＊＊＊明晰夢・親友の教え1　自分軸＊＊＊

また夢の中で目を覚ましたはずが、なぜかさっきまでと変わらない自宅のソファに寝転んでいた。

「あれ、これって夢じゃないの？」

声　**おう、起きたかい？　コーヒーでも飲むか？**

部屋の隅から声が聞こえた。なんだか聞き覚えのある声に、なじみのある会話……。

私　**わ！　なんでここに？**

声の方向を見ると、親友がそこに立っていた。

親友　**久しぶり！　元気そうじゃないか。**

そう言って笑いかける様子は、まるでルームシェアをしていた時と変わらない。ただ親友は、亡くなるよりずっと前の姿をしていた。

私　**その格好、どうしたんだい？　20代みたいに若いぞ。**

彼はニヤっと笑って答えた。

親友　**この時代が一番楽しかったからな。**

私たちは肩をポンポンと叩きあって、再会を祝った。不思議とちっとも悲しくない。むしろ普段の会話のように自然だった。

親友　**この前は奥さんと会ってくれてサンキュー。奥さん、また一段と素敵になってたろう。**

親友は昔みたいにソファに座りながら語った。そうのろける様子は奥さんとニコイチだった頃と変わらない。

私　そうだな。自分軸を取り戻すってすごいことなんだと思ったよ。奥さんは君の姿から学んだらしいな。だって君は、自分軸に沿って力強く生ききっていたもんな！

最後に会った親友が「自分の人生にまったく後悔なし」と言って豪快に笑っていたのを思い出した。

エゴと自分の答え

私　あの状態で「後悔がない」とキッパリと言える強さにビックリしたよ。人間って、本来はこんなにパワフルな生き物なんだと驚いた。

親友　あのパワーの源はやっぱり自分軸なんだ。自分が物差しで、自分がナビで自分が地図になった時、達成感や満足感の幅がすごく広がっていくんだよ。

私　君は自己評価がすごく高いってずっと思ってたけど、それも自分軸のおかげなのかい？

親友　そうさ。自分軸で生きると、今の自分にコンプレックスがなくなる。自分に満足できるから、自分自身を何も変える必要はないし、何も足す必要はないって気持ちで生きられるようになるんだ。今の自分がダメだってマイナスにとらえるんじゃなく、どんどん魅力が積み重なっていくんだってポジティブに考えることができるのさ。

私　なるほどねえ。今まであまり自分軸と他人軸って気にしたことがなかったけど、やろうと思えば自分がどっちにいるのかすぐわかるものなのかい？

親友　わかるさ。まず自分の気持ちを、エゴと自分の心が出した答えに分けたらいい。

私　エゴと自分の心の出した答え？

親友　例えば、「こうしたら自分が得するから」というのはエゴだけど、「この道に行ったら自分がワクワクする」なら自分が出した答えだ。同じように人の意見を聞いても、自分の心に聞かずに「みんなが言ってるから、こっちが正しいに違いない」と判断したら、それはエゴだけど、「自分も右がいいと思う」と思って自分で判断していたら、それは自分の心が思っている答えになるんだよ。

自分軸で生きたいなら、エゴではなくて、自分の心が訴えていることを選択し、自分にとっての答えを信じて進むのが大事なんだ。

人の評価を恐れない

親友の言い方は、生前と同じでまったくぶれがなかった。

私　やっぱり君はすごいな。私は、君のようになりたいって思ってもなかなかできなかった。

親友　心の軸を立てるのってすぐにできるもんじゃないからな。だって考えてみたら人間の一生なんて、生まれた時からずっと他人軸のオンパレードだろう？　他人が見たら変に思われるんじゃないかとか、他人より優れてる自分はすごいんだとか……全部、他人軸の視点で判断してる。そうやって他人の目線ばっかり気にしてると、心に添って行動するのが怖くなるんだ。

私　他人に変に思われたら怖い。その恐れが自分軸で生きる邪魔をしてるってわけか。

親友　そうさ。身近な話だと例えば、前に君と〝電車で座ってる時に妊婦さんらしき人が立ってたら声をかけるかどうか？〟って話をしてただろう？

私　あった、あった。席を譲ってあげたいんだけど、声をかけて妊婦さんじゃなかったら怖いし、変に思われるのも嫌だし。自分だったらいつも迷ったあげくに寝たふりをするって話をしたな。

親友　そういう時君はどう感じる？

私　自分の心に素直に反応できなかった自分が嫌になって、やっぱり声をかければよかったと後悔して、めちゃくちゃネガティブな気持ちになるな。

勇気を出せず思ったことができなかった時の、あの嫌な感情を思い出した。

親友　わかったかい。世の中の人たちが感じるストレスは、他人軸からやってきているんだ。

他人軸は不快モードだ。他人の視点で自分をジャッジして、自分を叩きたくなるし、自分の気持ちがどこにも活かされていないから、残念な想いも不愉快な感じも底なしにわんさか出てくるんだよ。

反対に、自分軸は快適モードだ。いつも自分に向き合って、自分自身と協力して動くと、やることのすべてに意味があると感じられて、充実した人生が送れるのさ。

それに、本来の自分が活かされていると感じることが自信につながる。だから自分が自分の人生のカギを握ったとき、本来人間の持つパワーを100%使えるのさ！

私　そうだな、自分に軸がある時は心が上向きで、ポジティブな感情を感じる。他人軸の時は逆にネガティブな感情が湧いてくる。軸がどこにあるかによって心の反応が変わるな。

親友　心地よい感情になるってことは、自分軸を生きてるってことでもあり、それがハイヤーマインドの視点で生きるってことでもあるんだな。

私　そうさ！　自分軸の究極バージョンがワクワクを追いかけることなんだよ。ワクワクすると、自分軸の最大出力パワーが出て、猛スピードで前に進んでいけるんだ！　だからこれさえあれば何も怖いもんはなくなるのさ。

親友　だけど、そんな猛スピードで突っ走ったら、他人が振り回されてしまうんじゃないのかい？

私　いや、魂のワクワクにしたがっていたら、必ず相手にも学びになるんだよ。僕と奥さんのようにね。逆に電車の時のように、人に何かしてあげたくても気を遣ってばかりいたらなにもできなくなってしまう。

親友　貧しい人に与えようといっても、自分が貧乏だったら与えられないし、病気の人の看病しようと思ったって、自分が健康じゃなかったらできない。それに自

私　分が幸せじゃないと、他人に幸せになる方法を教えることだってできないだろう？　それと同じことさ。

まず、自分の軸がしっかりしないと、共倒れになってしまうかもしれないんだから。

親友　確かに、自分を大切にしないと、人も大切にできないものな。

あの世に早々と行ってしまった僕からしたら、この世の貴重な時間を他人軸に費やすのは非常にもったいないことだ。短い命を削ってるようなものなんだ。

自分の時間を自分のために使い、自分のやりたいことをやることが、命をリスペクトするってことなんだよ。

私　なるほどねえ。君が言うと説得力があるなあ。じゃあ自分の命の尊厳のためにも、遠慮なくワクワクをおいかけたほうがいいのか。

そういえばネブランに出会ってからの自分は、どんどん新しい発見をしてワクワクしていた。今まで知らなかったことを知ったときの喜びは計り知れず、中身をアップデートして新しい自分に生まれ変わった気分になれた。

新しい発見はまるで宝物のようにピカピカしていた。それを発掘するのは宝探しのようだった。楽しくてたまらないから、多少の嫌なことは気にならなくなっていた。

私　**ワクワクって、こんなことでもいいのかな？**

親友　**もちろんさ！　誰がどう思うかじゃなくて、自分が答えなんだから。**

＊＊＊＊＊

第
6
章

ANOYO to
TALK

カルマよりもワクワク

カルマは自由選択制

＊＊＊明晰夢・親友の教え2　カルマ＊＊＊

夢の中で、親友はずっとニコニコ笑って楽しそうにしている。それを見てふと親友に尋ねてみたくなった。

私　ところで、この世は楽しかったかい？　いい人生だった？

親友　もちろんさ！　今までの中で一番楽しかった人生だよ！

即答だった。

私　そんなに楽しかったのに、なんでさっさとあの世に戻っちゃったのさ？　もっとやりたいこともあっただろうに。

親友　今回の人生の目的は、成長して覚醒するためっていうより、どちらかというとただ遊びに行った感じなんだ。

そのついでに僕の奥さんや他の人の覚醒のお手伝いをしたんだよ。だから覚醒したい人を導く役目もあったわけさ。

その答えは自分には意外だった。

私　ふーむ、みんなが覚醒するって目的があるわけじゃないのかい？

親友　僕はもうすでに覚醒を経験済みなんだ。だから二度目はいらないよ。僕みたいなオールドソウルも今は世の中にたくさん生まれてるんだよ。

私　オールドソウル？

親友　輪廻転生の数が一般の人よりも多くて、経験値が高い魂さ。数百回、数千回ととにかく膨大な回数の転生をして、あらゆる性別、あらゆる文化、あらゆる状況やシチュエーションをすでに体験済みなんだ。

誰か問題に直面してる人がいたとしても、たいてい過去に自分も同じ境遇を体験したことがあるから、相手の気持ちを察することができるし、問題の原因も、その解決策もわかるんだ。だから人を進むべき道へと導いてあげることができるんだよ。

私　確かに君は人の気持ちがよくわかるし、思いやりもあったな。だから導き役として生まれたってわけか。君らしいな。

親友とは初めて会った時から、前にどこかで会っていたような気がして、まるで旧友のように懐かしかった。

彼がオールドソウルで輪廻転生を繰り返してるなら、過去世のどこかで一緒だったとしても不思議じゃない。

私　君みたいに、この世で生まれ変わった回数が多いと、自分軸で生きて、自分のワクワクを追いかけることが簡単にできるのかい？

親友　経験値が高いから、当然ワクワクを見つけてワクワクの外から内に入る方法はたくさん知ってるし、人に教えることもできるよ。
だけど生まれ変わった数が多ければ成長してるってわけでもないし、みんながワクワクを追いかけるチョイスを選ぶわけじゃない。それはその人の生きる目的によるんだ。
輪廻転生がたった1回きりの人でもワクワクを追いかけることができるよ。人生経験が少ない赤ちゃんや子どもだってワクワクの中に生きているだろう？
それと同じことさ。

カルマはバランスを取るためにある

私　なるほどな。その人生で成長するかどうかも、全部自分で決められるってわけか。死ぬタイミングだとか、どうやって死ぬかも、自分で考えるの？

親友　もちろんさ！　僕が選んだタイミングは、奥さんの意識次第だったんだ。奥さんがある程度覚醒に近づいたらあの世に戻る手はずだった。だから彼女が学べるように病死を選んで、一緒にいる濃厚な時間を作ったんだ。すごく楽しい時間だったよ。

彼は椅子に腰掛けながら、前かがみになって熱心に話してくれた。

私　それで彼女は自分軸に目覚めたってわけか。

親友　そう。彼女はアイデンティティーを確立するのが人生のテーマだったんだ。

私　アイデンティティーを確立する？

親友　繰り返し起こる困難は、自分が壁を乗り越えて成長するためだって聞いただろう？　彼女の場合は、過去世でも、言葉の通じない外国で肩身の狭い思いをしたりして、一度アイデンティティーを捨てなきゃいけない状況に何度も遭ってる。その状況の中でいかに自分を確立していくかが彼女の人生を通したテーマだったからね。

私　今世でも僕と一緒に生きることで一度アイデンティティーがまったくない状態になり、僕が病気になって一から確立していくことになったんだよ。

親友　そうか。じゃあ君は十分この世での役割をまっとうしたってわけか。前に病気は因果応報みたいなもので、カルマが起因しているって聞いたことがあったから、君もそうだったのかと思ってたよ。

私　そういうケースもあるけど、僕の場合は違う。そもそもカルマは自分で解消するかしないかを選択できるんだ。

親友　えっ、カルマって解消しなきゃいけないって決まってるんじゃないの？

まったく思ってもない答えで驚いた。

私　違うよ。カルマはエネルギーのバランスを取るためのシステムなのさ。例えば、そうだなあ、既婚者の男性が浮気した時に、急に奥さんに優しくなったり、家族が喜ぶことをしたりするっていうだろう？

親友　ああ、浮気してたカップルがそういうこと言ってたな。

私　それって要するに、悪いことをしたら償いをしたくなるってことだ。カルマも

私　同じことなんだよ。

親友　えっ？　どういうことだい？

つまり、自分の中にできた〝償いをしないといけない〟という想いのエネルギーをクリアにするために、カルマっていうシステムがあるんだ。だから浄化しようと思わなかったら、カルマなんて持たなくていいんだよ。

僕の場合であれば、今回病気になって奥さんが看病してくれたけど、もしも「彼女に悪いことをしたから、恩に報いたい」と思ったら、来世でカルマを解消することを選択するよ。そして来世で奥さんに病気を選んでもらって、僕が看病する側に回って償うことで浄化する。

でも今世はカルマを持たない選択をしたんだ。だって必要ないからな。

私　なるほど、カルマは自由選択制だったのか……。でもなぜたくさんの人がカルマを持つ選択をするんだ？　やりたくなかったらやる必要ないんだろう？

親友　それはどれだけ自分がワクワクすることを選択したいか、自分軸で生きたいか、その本気度の問題なのさ。

人は、ワクワクすることを100％やってたら、償いたいなんて想いがわくことはない。自分に100％責任を持って行動したら、何の後悔も起きないからね。それならカルマを解消してバランスを取る必要もなくなるだろう？　だから自分軸ってそれだけでバランスが取れるってことなんだ（下図）。
でも中途半端な気持ちでやると罪悪感が誕生して、それを浄化してバランスを取りたくなるんだよ。

私　へぇ～、カルマを選択する人って、ある意味律儀なのかもしれないな。

親友　そうなんだ。だからみんなが自分軸になったらカルマを選択する律儀な人はいなくなるよ。今は100%のワクワクを選択す

バランス外で他人軸　　バランス良で自分軸

る人がたくさんでてきて、カルマを選択する人は少なくなってきてるのさ。

私　それを聞くと何だか気が楽になるな。

親友　そもそもこの世で生きてるだけで誰かの世話になってるし、地球を汚染してると言われたらそうかもしれない。それがカルマになると言われたら、生きてるだけでまた新しいカルマをせっせと作ってるようなものじゃないか。それじゃいつまでたっても償いなんてできっこないだろう。

私　確かにそうだな。それに囚われていたら逆に覚醒の道から遠ざかりそうだ。

親友　だろう？　だから自分軸で後悔しない生き方をすることが大切なのさ。

生まれる前にブループリントをつくる

私　なるほどなあ。じゃあ君は奥さんや家族を残してこの世から去ったことも後悔はしていないのかい？

親友　その通り！　早くこの世を去ることも全部自分が決めたブループリントの通りだったからね。

私　ブループリント？

親友　人生の青写真さ。あの世で僕たちはみんな一緒にブループリントを決めてきているんだ。

私　そういえばあの世の自分が脚本を作ってるって言われたけど、それがブループリントってわけ？

親友　そうさ。生まれる前に、どんな人生で何が起こるのか、どのタイミングで誰と出会うのか、結婚するのかしないのか、どんなふうに死んでいくのか、全部自分で決めるんだよ。特に僕の奥さんは、今世での学びに重点を置いているから、そのためのブループリントを綿密に作成してきたんだよ。もちろん僕と一緒に作ったんだ！

私　そのブループリントって変更できないのかい？　例えば、君が病気にならずに生き続ける、っていうシナリオに変えることは不可能だったのかい？

親友　人生のブループリントはいつでも変更可能だよ。ただし、変更が〝必要だったら〟ね。僕だって生きている必要があれば変更したけど、そうじゃなかったのさ。奥さんの今世での覚醒は、僕がずっと一緒にいたら達成できないってことがわかったんだ。だからあの世に戻ってきたんだよ。

私　じゃあ奥さんも、君が亡くなってあんなに悲しい思いをしたことだって、本当

親友　は君と一緒に考えたブループリント通りだったたってことか。

私　そう。全員が、カルマの解消も含め、この世でやりたいテーマがあって、それを体験することを楽しみにこの世に来てる。この世に来るのはホンモノの自分からしてみたら、旅行に行くようなものなんだ。だから現地で何をするか、どうやって体験するかプランを決めるようにブループリントをつくるんだよ。その旅の日程が終わったら、あの世というホームに帰って行くのさ。

親友　なるほど、確かに旅行前にスケジュールを立てる時ってとてもワクワクするもんな。ブループリントをつくる時も同じようにワクワクしてるわけか。

私　そういうことさ。だから人がこの世でワクワクするときって、あの世のホンモノの自分が立てたプランを思い出してるんだよ。
しかも魂の本質は転生しても変わらないから、人はいろんな人生で違ったアプローチを取りながらも、同じワクワクを追いかけ続けるんだ。この世だけじゃなく、あの世でもワクワクすることは変わらないんだよ。
僕に関していえば、人を指導することにワクワクしている。だから、こうやって君にも教えてるんだよ。面白いだろ？
同じワクワクを、生死も時代も超えて追い求めるなんて、なんてスケールがでっ

親友　かいんだ！　どんだけ好きなんだろうな！

次の瞬間、親友はネイティブ・アメリカン時代の写真を見せてくれた。彼の過去世の写真だという。写真とはいえ、映像のように中身が動いている。

親友　この時代に僕は覚醒を体験している。部族のみんなに教えを説いたり、ヒーリングしたりしていたのさ。今世での奥さんは、この時代は僕の娘だったんだ。

そう言うと彼は一人の少女をトントンと指差した。

私　へえ。縁があるんだな。じゃあナイールの頃の自分も、君と会っていたのかい？

親友　それは君があの世に渡ったらわかるさ。もっとも、今君が感じてる感情を信じたらいいと思うよ。

私　そうだな。自分が答えを知ってるんだもんな。

親友　ところでさ、君もう少しガレージ片付けたら？　汚くなってるみたいだけど。

私　えっ？

急に言われてドキッとした。

＊＊＊＊＊

次の瞬間、何かの物音でハッと目が覚めた。今日はウィークエンドで、近所で花火大会をしているらしい。

「ガレージが汚いの、なんでばれたんだろう。あの世にいるんだからどこも見渡せるってわけか……」

ちょっと焦った。


「それにしてもすごい話だったな」

それまでの親友の言葉を反芻《はんすう》していた。人生の何もかもが自分で決められる。カルマを解消するかどうかも自分の意思で決めているなんて……。

「あいつは本当にいろんなことを教えてくれるよなあ。しかも生きてる時だけじゃなくて、亡くなってからも」

生きている時の親友は、いつもまっすぐに生きていた。どういうふうに生きたら人生が楽しく、有意義になるかを、人生を精一杯使って、目の前で表現して見せてくれていた。これからも彼の記憶をたどって、あいつだったらどうだったかな?と参考にしながら、自分も生きていきたいと思わされる。

その時また外で、

「パンパーン!!」

と大きな音がして、花火が上がった。

「お土産話をまってるで～！」

脳裏に親友の笑顔が見え、彼の言葉が頭に響いた気がした。

「よし、カルマは今世で打ち止めだ！　これからはワクワクをもっと求めていこうじゃないか！　親友、ありがとう！　たくさんの土産話を約束するよ！」

ポジティブなフィルターを持つ

ANOYO to TALK

その日の夜はベッドでよく休み、さわやかに休日の朝を迎えた。意識がはっきりしてきたら親友に会った夢の記憶がよみがえってきた。

もしかして、部屋の隅に親友がいるんじゃないかと思って、夢の中で親友が立っていた方向を見てみた。でも親友はいない。

「夢で会えたのはうれしかったけど、この世で会えないとやっぱり寂しいな……」

急に電話がかかってきた。会社の上司からだ。

上司　**休みの日に申し訳ないけど、クライアントに頼まれて、お願いしたいことがあるんだ。出社はしなくていいから、家でやってくれないか。**

私　**えっ、来週じゃダメなんですか？**

上司

それができたらわざわざ君に電話してないよ。どうしても今日必要なんだからしょうがないじゃないか。

断るに断れず、しぶしぶOKしたものの、気持ちはワクワクとはほど遠かった。

「あーあ、起きたら親友の影も形もないし。上司は自分の気持ちをわかってくれないし。誰かに手伝ってもらいたいけど、ネブランにやってもらうわけにもいかないし。せっかく朝までいい気分だったのに、水を差されたみたいだ」

ため息をついて、ソファに座ろうとした時だった。

「わっ!!」

何かやわらかいものをお尻で踏んだ感触があった。慌てて立ち上がり、ソファーに目をやると、ブタのぬいぐるみがぺしゃんこに押しつぶされている。

「ええ？　何でこれがここに？　ずっと寝室にあったはずなのに」

ブタのぬいぐるみは数年前から寝室の戸棚の上に置いたままだった。ずっと動かしていなかったので、ほこりをかぶっている。

「あれ？　そうだ、これって親友がくれたお土産じゃないか」

ほこりを払いながら思い出していた。

同じ家に住んでいた頃、日本に一時帰国した親友が、お酒の瓶が割れないようスーツケースにブタのぬいぐるみをたくさん詰めて持って帰ってきたのだ。ブタのぬいぐるみがいくつも入ったスーツケースっていうのはなかなか強烈だと思ったことをよく覚えている。

「わざわざよくやるよ。よく税関を抜けてこれたよなぁ」なんて言って笑い合い、日本から持参してきたお酒で一緒に乾杯したんだっけ。その日の記念に、ブタのぬいぐるみを一つもらったんだった。

「これもネブランがやったのかな？　それとも親友のしわざ？」

手に持ったぬいぐるみをじっと見つめて問いかけてみた。

「これも何かのメッセージなのかい？　〝ぶーちゃん〟」

生きてる頃、親友はぬいぐるみのことを〝ぶーちゃん〟と呼んでいた。奥さんがぬいぐるみに似てるのだと言って、奥さんのことも同じ〝ぶーちゃん〟と呼んでいた。

「うーん。わからないや。……しょうがない。気分が上がるようにコーヒーでも買ってこようかな」

外に出る準備をして、リビングに置いてあったコートを羽織った。

その時、ソファの脇に置いたぶーちゃんがほほ笑んだような気がして、一瞬目をやった。

「そんなわけがないか……」

私はぶーちゃんの頭をなでると、

「行ってくるよ」

と声をかけた。

楽しいと思えば何でも楽しい

休日の街はいつもよりにぎわっていた。たくさんの人が楽しそうに歩いているけど、自分を気にかける者はいない。一人で歩いてると、ふとむなしい気持ちになってしまった。

角のコーヒースタンドに行くと、談笑しているカップルがいた。まるで二人っきりの世界に浸っているように見える。その一人が一瞬こっちをチラッと見て、関心なさそうにまた自分たちの世界に戻っていった。

「せっかくいろんなことを教えてもらったけど、現実の世界では一人ぼっちで、自分を理解してくれる人はもういない。やっぱり生きていくのがつらくなりそうだ……」

ため息をつきながら、カップルのほうをチラっと見ると、その一人の着ているTシャツに目が止まった。

「人生は楽しい」。Tシャツにはそう書かれていた。

「人生は楽しい、かぁ……頭ではわかってるんだけど」

そんなことを思いながらスタンドでコーヒーを頼もうとすると、レジの前に置いてあった置物に思わずのけぞりそうになった。

そこには、5ミリくらいの無数のブタのぬいぐるみが無造作に置いてあるではないか。まるで〝ミニぶーちゃん〟だ！

私　**なんですか、これ？**

とレジの人に聞くと、

レジの人　**ああ、それ？　それは幸せの象徴よ。アニマル・トーテムなの。**

と笑顔で話してくれた。

私　**アニマル・トーテム？**

レジの人　**私たちを守ってくれる御守りの動物のことよ。ネイティブ・アメリカンから伝**

わったって言われてるの。中でもブタはね、人生の楽しさを教えてくれるのよ。どうやって楽しく幸せに生きたらいいのかわからなくなった人たちに、幸せの捉え方を再び思い出させてくれるの。

私　**ええ？　ブタのぬいぐるみってそういう意味があったわけ？**

ぶーちゃんは何かを言いたくてこうして私の前に現れてるんだろうか。

レジの人　**はい、コーヒーできたわよ！　楽しい1日をね！**

世の中は見方次第

そういえば生前、親友がよくこう言っていた。「何でも楽しいと思えば楽しいんや。悪いことも良いことも、それで〝よし〟としたらそれでええことになる」。「確かに、この世で辛いことも悲しいことも、全部自分で選んできたこと。あの世の自分にとっては楽しみにしてきたことだもんな。それを意識してみたら、起きることが少しでも楽しめるかもしれないな」

そんなことを考えながら、入れてもらったコーヒーを片手に帰り道を歩いていると、犬が横を通り過ぎた。普段着の男性が紐を持って後ろを歩いている。

きっといつもの散歩コースを通っているのだろう。だけど犬は熱心にクンクンと嗅ぎ回ってとても楽しそうだ。

「あのワンちゃんにとっては、毎日が新鮮なんだろうな」

なぜ毎日同じ散歩道を歩いても、犬はいつも幸せそうなんだろう？と思った。きっと、何の偏見もジャッジもない、まっさらなフィルターで世の中が見られるからだろう。だから変わらないコースでも必ず新しい発見ができているに違いない。

「そういえば夢の中で、この世には旅に行くようなものだって、親友が言っていたな。旅の時はすべてがまっさらに見えて、新鮮で輝いて見える。知らない土地で意外なハプニングに遭うことも、冒険することも、何もかもが楽しい！ぼったくりに遭っても、それはそれで〝よし〟って思えるし……。いつも旅行中のような気分でいられたら、新鮮で楽しく過ごせるのかもしれないな。ちょっと旅行気分で歩いてみようかな」

旅の気分で歩きはじめると、少しだけ楽しく思えてきた。道端に咲く何の変哲もない草花でさえも新鮮で、美しく輝いて見える。

ちょっと立ち止まってベンチに腰かけてコーヒーを飲んでみた。入れてもらったいつものコーヒーも美味《おい》しく、優雅な気持ちになれる。

「なんだか高級リゾートにバケーションに来ている気がしてきたぞ」

有意義な時間を過ごしてリッチな気分になってきているのがわかる。

「幸せを見つけるには、見方を変えればいいだけなんだな。これがぶーちゃんからのメッセージってわけか。ぶーちゃん、恐るべし。帰ったら洗濯機にでも入れてあげようっと」


家に戻って早速洗濯機に入れ、乾燥機で乾かすと、ぶーちゃんは元のフカフカに戻ってくれた。

「ごめんよ、ふんづけちゃって。でも大きな気づきをありがとう！」

フィルターをくもらせているのは自分

一息つきながら、

「確かに、〝ツマラナイ〟というフィルターでものを見ているのは自分だな。〝ツマラナイ〟フィルターで世の中が明るく見えるわけないいか」

と考えていると、また声が聞こえてきた。

ネブラン　そうなんだよ。人は色眼鏡で世の中を見てるのさ。くもったフィルターで世の中を見てるから、暗くネガティブな世界に感じられてしまうんだ。

私　ネブラン、暗くしてるのは自分自身ってことか。

ネブラン　そうさ。フィルターをくもらせているのは、世の中のせいでも上司でも何でもない、紛れもなく君自身なんだよ。

私　わ、耳が痛いな……。

ネブラン　世の中のあらゆる出来事には良いも悪いもないんだ。それを誰かがジャッジして、意味をもたせることで初めて良し悪しが出てくるんだよ。ネガティブに捉えるか、またはポジティブに捉えるかの選択肢が君たちにはあるんだ。

私　考えてみたら選択肢があるってありがたいことだよね。せっかく選べるのに、ネガティブばっかりじゃもったいないかもしれないな。

ネブラン　でしょ？　そもそも、選択肢があること自体、この世はすでにポジティブだってことなのさ！　フィルターさえ汚れていなければ、この世の中は明るいしポジティブな世界なんだ。その世界をあえて汚してしまったら、見たいものも見えなくなるし、綺麗だと思える瞬間も逃してしまう。人の親切や愛情もシャットアウトしてしまうんだよ。

私　なるほどね。確かに子どもの頃は、くもりのないフィルターで物事を見てた気がする。そのせいか、世の中はとっても明るく見えたし、自分にポジティブな事が引き寄せられて来てるって実感できてたな。だから毎日がワクワク楽しくってしょうがなかった！　文句を言う大人の意味がわからなかったし、次の日が待ちきれなかった。

ネブラン　そう、あの頃の君は、フィルターがキレイだったんだよ。だから世の中がキレイでポジティブだってことを素直に実感できていたんだ。

私　じゃあ、楽しくて明るい世界を暗く淀んだ世界ににごらせてしまったのはいつのタイミングだったんだろう？　何かきっかけがあったんだろうか？

ネブラン　それは君たちが大人になるにつれ、世の中の常識や偏見に染まり、まっさらな物事をどんどんジャッジし始めたからなんだ。そのジャッジがフィルターをくもらせてしまうんだよ。

私　てことは、フィルターを綺麗にするなら、ジャッジする要素をなくせばいいんじゃない？

ネブラン　そうさ。子どもの頃のようにまたまっさらに、世の中の明るさを素直に捉えて、

私

子どもの頃みたいにワクワクを追いかけていけばいいのさ！　ワクワクがフィルターのくもりをとるワイパーになってくれるよ。

確かに、ワイパーを使ったら、フィルターの掃除って意外と簡単だ。自分で汚してしまったわけだから、自分で拭いてまたキレイに戻せばいい。そうしたらぶーちゃんを洗濯機に入れてキレイにしたみたいに、また元の自分に戻れるってわけか！　よし、もっともっとワクワクでフィルターを綺麗にしていくぞ！

ネブランとのやり取りで気をよくしたところで、仕事に取り掛かった。

「この仕事だって、最初に覚える時はワクワクしてた。よし、あの頃のことを思い出そう」

そうしてるうちに、だんだんワクワクして、パワーもわいてきて、あっという間に仕事が片付いてしまった。

「ワクワクしてたらあんなに嫌だった仕事でも、乗り越える力がわくんだなあ」

ワクワクが道を開く

ANOYO to TALK

感心していると、ネブランがまたささやき始めた。

ネブラン　そうなんだよ。ワクワクを追いかけていると自然と困難も克服する道が開けるんだ。ワクワクはハイヤーマインドが授けてくれた、目的地に着くための方位磁石であり、地図であり、七つ道具のようなものなんだ。だからワクワクがあれば何も心配することないんだよ。

私　ワクワクのパワーってすごいな。いつもワクワクできたら本当にいいんだけど。ネブラン、どうしたらいい？

ネブラン　自分の気持ちってよく見てたら、心地いいか、ワクワクしてるのか、ポジティブなのか、動きが分かるでしょ？　だから自分の心の中をモニターしておくといいよ。

気持ちをモニターしてたら、自分がどんな時ワクワクするかとか、自分がどうしたら楽しくなるのかもわかってくる。それで今は不快な気持ちになってると認識したら、スムーズなほうに方向転換すればいい。

私　スムーズにいかないときって、自分がハイヤーマインドと分離して、自分からコネクションを切ってる状況なんだ。コネクションを切ってるから、方位磁石もマップもなくなって、うまく進まないいんだよ。

ネブラン　なるほどねえ。だけど現実的に、仕事が激務だったり、病気の人の介護や赤ちゃんのお世話で、まったく自分の気持ちを見る暇もない人だっているでしょ？　そういう時はどうすればいいのさ？

私　そんな時は、5分でもいいから現実から離れることさ。瞑想をするのもいい。とにかくほんのちょっとでも自分の時間を持って、一度ワクワクに入ってから、また現実に戻ればいいんだ。

少しでもワクワクに入る時間を持つ、かあ。自分のペースに戻れないときでもそれならできるかもしれないな。そういえば、親友の奥さんがこの前言ってたなあ。

彼女は親友のホスピスケアをやっていた時、自分の時間がまったく取れないことがつらかったそうだ。その時はちょっと外に出て車を5分ぐらい運転し、大きな声で歌ってみたら、気持ちも持ち直したという。

ネブラン　そういう日々のちょっとした時間が大切なんだよ。ワクワクに入る時間があれば、だんだん自分が安定する軸の場所がわかるようになるんだ。いったんその感覚がつかめると、次からは軸の場所に戻りやすくなる。それを続けていくと、最初は細く思えた軸もどんどん太くなって、ちょっと目をつぶったりするだけで、すぐに同じ場所に戻れるようになるんだよ。

私　じゃあできる範囲で、ほんのちょっとでいいんだね。

ネブラン　そうさ。少しでも日常にワクワクを入れ込んでいったらいい。そのうち、いつもワクワクを肌身離さず身にまとってるような感覚になれたらしめたものさ。

自分が選んでいる意識を持つ

私　ワクワクを身にまとう？

ネブラン　例えば月曜から金曜は嫌な仕事、土日は自分の時間って決めて分離しちゃうと、月から金は苦しくなるでしょ？　だけど仕事で稼いだお金で旅行することにワクワクするなら、そのワクワクをなるべく意識しながら仕事してたら楽しめる。

大好きなコーヒーをそばに置くとかでもいい。絵を描くことが好きだったら、月曜から金曜に絵の具をカバンに入れてワクワク仕事に行くだけでも変わってくるよ。

私　それなら気軽にできそうだ。じゃあ仕事がワクワクしないから辞めたいと思っても、なるべく辞めないほうがいいのかな。

ネブラン　他のことにワクワクするなら辞めるのも一つだよ。でも生活への不安が消えなかったら、辞めた時にワクワクできないかもしれないよね？　辞めた時のことを想像してみて、ワクワクできないと思ったら、仕事を辞めないって選択もある。

「嫌な仕事を一生やるわけではない、今は自分が食べていくための大事なツールとして利用している」って捉えたらワクワクできるかもしれないでしょ？

仕事を辞めないとしても、今日は休むことにワクワクする、と思ったら、その時は仕事を休んで好きなことをするのもいいんじゃないかな。

私　なるほどねえ。考え方や捉え方でだいぶ変わるんだね。

ネブラン　そうさ。自分が雇われていると思うのか、やりたくてやっていると思うのか、捉え方を変えるだけで、心地よさが全然違ってくるよ。突き詰めたら本当はなんでも〝やらされている〟んじゃなくて、〝自分が選んでやっている〟わけでしょ？　本当は何でも自分が決めてる、結局は自分が自分の人生を選んで生きてるってことなんだ。だから自分で選んでやっているってことを意識するといい。

私　確かに仕事を辞めるか辞めないか選択してるのは自分だもんなあ。

ネブラン　そうなんだ。自分がイニシアティブをとってることを意識するだけで、達成感も生まれるし、気持ちよく仕事ができるのさ。

私　夢の中で親友も言ってたけど、自分軸になるとパワーが出てくるもんね。

ワクワクに入ったり出たりしてOK

ネブラン　ただ、この世の君たちは、いつもハイヤーマインドとつながって、ワクワクしてられる時ばかりじゃない。ワクワクの外にいたって当たり前だって認識することも大切だよ。

私　出たり入ったりの波があるのかあ（左図）。

ネブラン　そうさ。月の満ち欠けや心臓の鼓動のように、ギュッと縮こまったり拡張したりしてるんだよ。

私　いつもワクワクの中に入れなくても、出入りを意識すればいいわけ？

ネブラン　そう。意識してたら、ワクワクにいる時とそうでない時がはっきり区別できるようになる。ワクワクに入ってる最中は夢中になっててわからないかもしれないけど、後でワクワクにいる時の嬉しさ、楽しさがはっきりとわかるようになるんだ。
だからワクワクの外にいるのか、中にいるのか、モニターすることが大事なんだよ。

私　なるほどね。じゃあ例えば、仕事も嫌いじゃないし、一度やり始めたらワクワクする時もあるけど、やる前には面

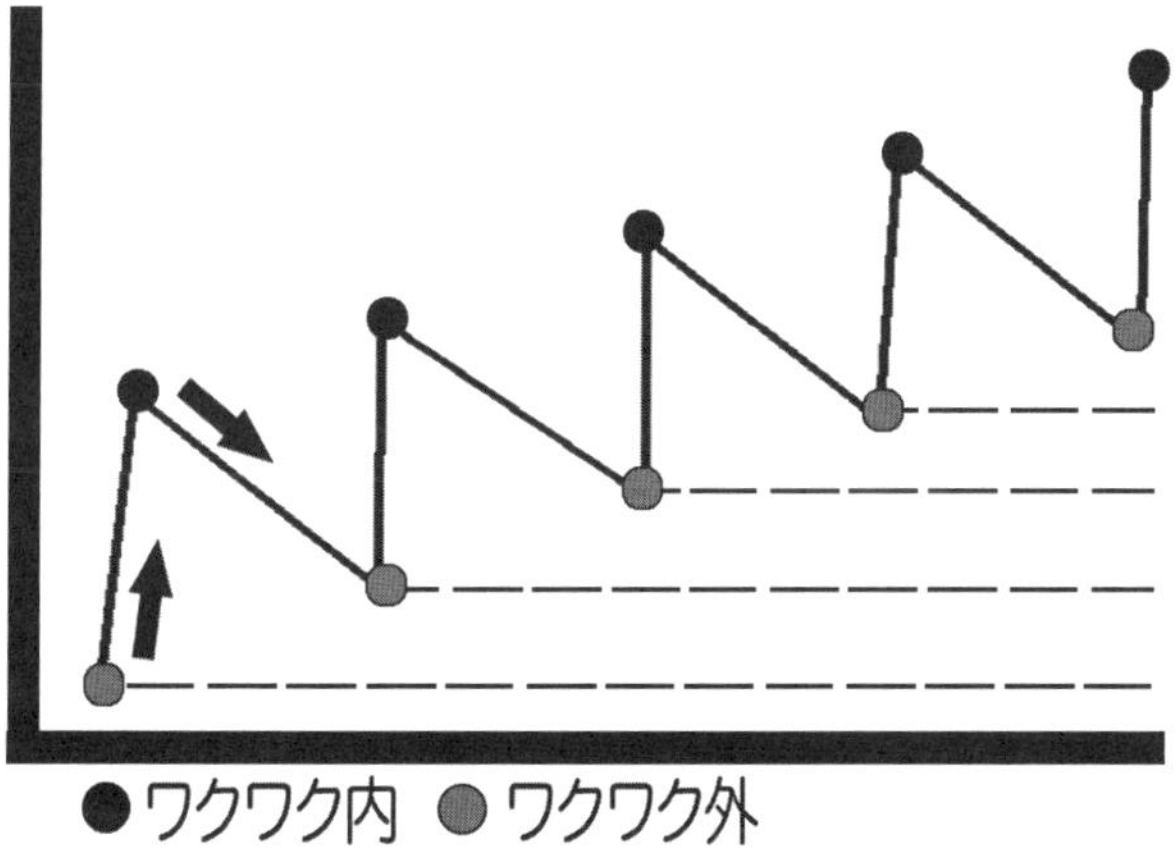

倒だなあって思うこともあるよね。ワクワクすることをやってるスポーツ選手だって、動き始めたら楽しくなるとわかってても、練習前はやりたくないな、って思ったりするでしょ？　試合で負けてワクワクしなくなる時だってあるよね。そんな時にワクワクのほうに気持ちを持っていきたかったらどうすればいい？

ネブラン　今の自分がワクワクの外にいる、ハイヤーマインドにつながってないんだってことを認識したら、肚《はら》をくくって、今からつなげようって意識を持っていったらいいよ。出たり入ったりしてても、意識すればどんどんワクワクに入ってる時間が長くなって、どんどんハイヤーマインドにつながる。それがハイヤーマインドのさらに上のオーバーソウル、ワンネスへつながっていくんだよ！　ワクワクの外に出たらもうそこでおしまいじゃなく、中にまた入れるし、出入りしながら100%の自分に近づいていくんだ。だからどんなときも自分は100%のほうに向かっていると思えばいい。そうしたら外に出るのもチャンスだって思える。

私　外に出ることもチャンス？

ネブラン　ワクワクの中にいると客観的に見えないことが、外にいると見えるでしょ？

私　だから、どういうふうにワクワクを追いかけるか学ぶのにちょうどいいのさ。そしてワクワクに入ったら、学んだことを活用する。それを続けることで成長できるんだよ。

私　そうかあ、ワクワクの外にいると「ワクワクに入ってないからダメだ」って思っちゃうけど、成長のチャンスと思えばいいわけか。その方が気が楽だし、生きやすくなりそうだな。

ワクワクは伝染する

私　それにしても、今までの自分もだけど、たくさんの人が自分のワクワクじゃなく、常識やエゴで選ぶのが当たり前って思ってる気がするな。それぞれの人生の目的があるから何を選ぶかは自由だけど、つらそうに生きるのが当たり前になってる人ばっかりじゃ、こっちもつらくなりそうだ。

ネブラン　そんな人たちには、ワクワクで生きてる自分を見せるだけでいいのさ。

私　ワクワクを見せる？　それだけでいいの？

ネブラン　ワクワクしてる人って、他人から見ると、キラキラ輝いて、魅力的なんだ。だからワクワクした人がいると、周りがみんな影響を受けてワクワクになっていく。あの世ではみんなつながってるわけだから、君のワクワクは伝染するんだよ。

私　なるほどなあ。確かに、ワクワクしてる人を見ると自分もワクワクする。楽しそうにダンスを踊ってる人とか、スポーツしてる人がいたら、見てるだけでワクワクするもんね。子どもが無邪気に笑ってる声を聞くと楽しくなってくるし。

前にストリートでバイオリンを演奏してる人がいたんだけど、ワクワク楽しそうでどんどん人が集まってたなあ。そのうちどこかからチェリストが出てきて、歌う人が来て、ダンサーも来て、みんな楽しそうにリズムを取って、ちょっとしたパーティーみたいだったよ!

ネブラン　そうなんだよ。ワクワクのようにポジティブなハイヤーマインドのエネルギーは、人々をつなげて、統合する性質がある。だから人がどんどん寄ってくるんだ。そして影響を受けてワクワクした人もハイヤーマインドとつながりやすくなる。この前君が出会ったジェイシーだって、太鼓を叩くことにワクワクしてたでしょ? もし彼がワクワクしていなかったら、ハイヤーマインドと君たちをつなげることはできなかったんだよ。

私　そういうものかあ。じゃあ、逆にネガティブなエネルギーっていうのは……。

ネブラン　人と人とを分離させる。だからどんどん人が消えていってしまうのさ。たとえ一時的に同じようなエネルギーの人が集まっても、長くは続かないんだよ。

小さなワクワクから始めてみる

私　だけどさ、ワクワクすることが何もない人はどうすればいいんだろう？　友人に機械人間みたいになってる人がいて、何を見ても、何に触れてもワクワクしない、好きなこともやりたいものもないって言ってたよ。

ネブラン　ワクワクすることが何もないってのはウソ。そういう人たちは気づいてないだけだよ。だって、生きる目的の方向を示すのがワクワクでしょ？　目的がなかったらこの世に生まれてこないんだから。どんな人でも必ずワクワクすることがある。よく見ていけばわからないことはないはずなんだ。

私　その人は、日本にいるんだけど、我慢して自分を殺して、好きなことがあるのに出さないようにしてるうちに、わからなくなっちゃったのかもね。その我慢

ネブラン　から解放されるにはどうしたらいいんだろう？
ほんの小さなことからでも、好きとか、嫌いっていうのを見つけていくしかないね。

そういえば親友の奥さんが言っていたことを思い出した。親友と一緒にいる時は何を食べるかも自分で選べなかったけど、親友が動けなくなってからは「自分はあれが食べたいのかもしれない。じゃあ食べてみよう」とか「あれをしたいのかもしれないから、やってみよう」と少しずつ行動できるようになり、そのうち好きなものがわかるようになったという。「本当に少しずつでいいのよ」と彼女も言っていた。

私　些細なことからでいいわけか。じゃあ、自分がくだらないと思いつつ、たまにやってるウェブショッピングごっこがあるんだけど、あれもいいのかな？

ネブラン　ウェブショッピングごっこ？　ああ、君が「気分は大金持ちだ〜！」とか言いながら、ショッピングサイトを開いて、好きなものをどんどん買い物カゴに入れてにやけてるやつ？

私　えっ、なんで知ってるの？　って当たり前か、ネブランはずっとそばで見てるんだもんね。そう言われるとなんか恥ずかしいけどさ、空想の世界だから、一気に何百万円とか何万ドルとか使っても全然ＯＫじゃない？　誰にも迷惑かけないし。

ネブラン　まあ、ちょっとアホみたいと思わなくもなかったけどさ……でも、そうやって自分の好きって気持ちをどんどん誕生させて、それを大きくしていくのはいいことだね、ははは。

ウィンドウショッピングでもいいし、好きな物を触ってみたり集めることでもいいんだよ。「これがいいな」「自分はこれが好きだな」って気持ちに親しんでいけばどんどんわかってくるはずだよ。

私　じゃあ自分が何にワクワクするか、メモして書き留めておいたほうがいい？

ネブラン　書くことで客観的に自分を見るのはいいと思うよ。そうしてるうちに、静かにワクワクしてることに気づくかもしれないしね。

私　静かにワクワク？　何だか矛盾してない？

ネブラン　誤解してる人も多いんだけど、ワクワクって例えばキャーキャー騒ぐとか、思いっきりオシャレするとか、そんな活発な状態だけじゃないんだ。

ちょっと昼寝でもしようとか、どこかのカフェでまったりしようかなっていうような静かな行動とか、ちょっとだけ心が動くこともワクワクなんだ。それをどんどん選んでいくうちに、些細なことでもワクワクがどんどん大きくなっていくんだよ。

私　そうかあ、ちょっと早めに起きて、会社の一駅前で降りてゆっくり散歩するのでもいいいんだよね。人にわからなくたって自分にだけわかればいいんだもんね。常識だけで生きてるとつまらなくなってくるけど、普通に会社行くときに自分のオリジナリティを加えるだけでも生きやすくなりそうだ。

ネブラン　そう。自分の好きなことを少しでもやるだけで、ワクワクが増えて人生が楽しくなってくるよ。

ワクワクとワガママは違う

私　ただ日本にいる友人を見てると、社会の同調圧力があって、自分一人だけ違うことをやったらワガママだと思われそうだとか、嫌われるんじゃないか、仲間外れになるんじゃないかと怖がってる感じがするな。アメリカよりも常識で生きてる人が多い中で、ワクワクすることをやっていくのって大変に思えるよ。

ネブラン　そこは勇気を持って覚悟するしかないよ。ただ、誤解してる人が多いと思うんだけど、ワクワクを追いかけるのは、自分がポジティブになるってことであって、ワガママになるというのとは違うんだよ。我慢していても、人に迷惑をかけたり、傷つけてしまうこともあるでしょ？　ポジティブになったら人に迷惑になるっていうことではないんだ。
ワクワクすることをしていって、誰かが離れていったとしても、逆に集まってくる人もたくさんいるんだよ。ワクワクしたポジティブなエネルギーには人が集まってくるから、他人は絶対に放っておかないのさ。嫌う人だっているかもしれないけど、受け入れる人もいる。我慢していても、嫌う人もいれば受け入れる人もいるしね。どちらの世界に行っても集まる人は集まり、離れる人は離れるのだから、自分がどちらに行きたいかで決めればいいんだよ。

私　そっかあ。だけど世の中の全員がワクワクを追いかけたら世の中が収拾つかなくなるんじゃないの？

ネブラン　ならないよ。ワクワクすると、みんな自分に合ったことがベストなタイミングでできるようになる。そうすると、それぞれがそれぞれの味方になり、世の中全体に大きなハーモニーができあがるのさ。

私　それって最高だな！　だったら自分もどんどんワクワクする気持ちを選ぶようにしたいな！

ネブラン　そうさ、トライしてごらん！　ワクワクを追い求めるうちに、ハイヤーマインドと100％つながってることに気づけるようになるよ。君たちはみんなその状態を目指して生きてる。それがアセンションとか、覚醒の道なのさ！

第7章

ANOYO to TALK

ワクワクで人生が変わる！

ワクワクが幸せを引き寄せる

＊＊＊明晰夢・エスター＊＊＊

その日の夜、また夢の中で起こされた。
トンネルの先に、女の子が立っている。

女の子　**こんにちは！　私はエスターよ！**
愛くるしい笑顔であいさつされ、

私　**こんにちは、エスター。はじめまして！**
と言葉を返すと、

エスター　**はじめましてじゃないわ！　ずっとあなたの近くにいたじゃないの！**
とちょっとふくれっ面《つら》で言いだした。

私　**んー、ごめんよ、エスター。君には今まで会ったことがないんだ。**

エスター　**ひどい！　エスターを忘れるなんて！**

エスターは怒ってこっちに向かって来た。とっさに逃げると、どんどん追いかけてくる。やがて手に包丁を持ちはじめ、髪を振り乱して世にも恐ろしい顔になった。あんなに愛くるしい笑顔だったのに！　まるで映画『チャイルド・プレイ』のチャッキーのようだ。逃げ切れずにとうとうつかまってしまうと、エスターは、

エスター　**あなたを愛しているのに、なんでわかってくれないの？**

と泣き叫んで私に向かって包丁を振り上げた！

私　**ひぃぃぃ――――!!**

＊＊＊＊＊

恐れおののいたところで目が覚めた。

「ああ怖かった。あんな強烈なナイトメア（悪夢）は生まれて初めてだ！」

バシャールの時みたいにしっかり名乗っていたけど〝エスター〟って誰なんだろう？　頭の中で思いつく知人友人を全部リストアップしたけど、どう考え

てもエスターという名前の人はいない。
そこへ急に電話が鳴り響いた。
「わっ！」
怖がっている時に急に物音がするとすごくびっくりする。

私　**ハロー。**

電話に出ると昨日の上司からだった。今日はまだ休日だ。普段なら休み中の会社からの電話は嫌なものだけど、今回ばかりは怖い相手からのコールでなく上司で安心した。

私　**ああボス、昨日の仕事ならメールで送っておきましたよ。**

上司　**見たよ！　とっても素晴らしかった！　それで、君が前々からやりたがってたプロジェクトがあっただろう？　あれを今度やることにしたよ！　週明けすぐに異動になるから、早めに言っておかなきゃと思ってね。**

私　**本当ですか？　嬉しいな！**

ずっとやりたいと思っていたプロジェクトができる！　そう思ったらワクワクしてきた。

上司　**それで、君は昇進になるからお給料もアップするよ。**

そりゃあ願ってもないことだ！　全部が順調じゃないか。ゲンキンなもので
さっきのエスターの夢の恐怖はすっかり消し去られた。

「昨日の仕事をワクワクしながらやってたら、もっとすごいワクワクする仕事が舞い込んだぞ！　面白いなあ」

そういえば、ここ最近は仕事でも同じことの繰り返しに飽きてしまって、あまりワクワクすることがなくなっていたけど、前にとってもワクワクしながら仕事していた時期があったっけ……。

私は大学卒業後に最初に就職した会社のことを思い出していた。

小さな事件が現状を大きく変えた

新卒の時、とてもよい会社に就職できたのはよかったのだけれど、職場が住む場所からかなり遠くて、通勤がとても大変だった。当時は引っ越したばかりでお金が底をついていたので、新しく引っ越しする余裕もまったくなかった。

正真正銘貧乏生活を送っていたので、住んでいたところも安アパートだった。

毎朝キツツキが「カンカンカンカーン」と屋根を弾丸で突いてきてうるさいし、

室内は結露で壁がいつもカビていた。

おまけに通勤がまさに苦行。毎朝三つのバスを乗り継ぎ、1時間半かけて職場に行かなくてはならなかった。しかもこのバスがまた、時間通りにこないったらありゃしない。乗り継ぎはコネクションが命なのに、いつも遅れて次のバスに乗れなくなっていた。

短い夏を除いて一年中曇りと雨を繰り返す土地だから、1回でも乗り継ぎに失敗すると、たいていは冷たい雨の中をえんえんと歩かなくてはならない。おかげで雨の中を歩くのにはだいぶ慣れたけど、あともう1歩でバスに乗り継げなかった時の残念さといったらなかった。

寒い時期は毎日が嫌で嫌で仕方がなかった。バスに本を持ち込んだり好きな音楽を聴いたりして気を紛らわせていたけど、あまり効果はなかった。

「あーまた行っちゃったよ！　今日はついてないなあ」

乗り継ぎがうまくいかなかった日は一日中ブルーだった。

ちなみに車だとものの30分で到着できる。「絶対にいつか車で通勤できるようになるんだ！」と自分に誓いながら、貧乏生活を送っていた。

ところがある日、バス通勤の苦痛を根底から消し去るような事件が起こった。いつものようにバスを待っていた時のことだ。やっと来たので乗り込もうとしたら、中でもめごとが起こっていた。

どうやら車内は禁煙なのにタバコを吸って寝転がるお兄さんがいたらしく、運転手さんがやめさせようとしている様子だった。警察沙汰にでもなるんじゃないかと思うような激しいやりとりが繰り広げられ、せっかく待っていたのになかなかバスに乗ることができない。

不測の事態にうろたえていると、バスに乗っていた体の大きな青年が立ち上がり、タバコのお兄さんを後ろからつかんで、車外へポイっと放り出してくれた。

その瞬間、運転手が「早く乗りなさい！」と私に向かって叫んだ。タバコのお兄さんが道路脇に転がっている隙に慌てて乗り込むやいなや、すぐにバスは出発した。

タバコのお兄さんが立ち上がって、「待て——！　この野郎‼」と怒声をあげて追いかけてきたけれど、スピードを上げたバスはみるみるうちにお兄さんを引き離していった。バスの中では拍手が起こり、この出来事の話でみんなで盛り上がった。

この時をキッカケに、いつもバスで一緒になる人たちと顔見知りになり、だんだん仲良くなっていった。中には私と同じ三つのバスを乗り継いでいく人もいた！　なんて素晴らしいんだろう。一人で乗ってたはずのバスで、仲間ができた！

ワクワクの波及効果

面白いもので、その日を境にあれほど苦痛だったバス通勤の時間が〝ワクワク〟の時に変わった。楽しい時間を過ごしていると長い通勤時間も時間のロスだとは思わなくなった。

苦痛の時は長く感じるというけど、平均1時間30分の通勤時間のそれまでの体感時間は3時間くらいだった。でもバス仲間ができて毎朝の通勤がワクワクに変わったとたん、体感通勤時間はほぼ30分くらいに短縮された。

そしてさらに面白いことがあった。バスの乗り継ぎの失敗が、その日を境にほぼなくなったのだ！

よかったのは自分だけじゃなかったようだ。バス仲間になったボーイングの飛行機デザインを務める韓国系のイケメン君は、私にこう話してくれた。

イケメン君 **君のお陰でバス通勤が楽になったよ。そこまでバスが嫌じゃなくなったし、苦痛でもなくなった。ありがとう!**

なんと! 同じ思いの同志がいるとは! 何だか嬉しくて、それぞれの夢を語り合うくらい仲良しになった。

ワクワクの波及効果はそれだけではなかった。アパートの弾丸キツツキも気にならなくなり、壁のカビも綺麗な模様に見えたりしてきた。

毎朝楽しい雰囲気のまま職場に到着するので、仕事も心地よくスタートできた。気分がいいからはかどるし、人への接し方もナイスになれる。人にナイスだと仕事だってスムーズに運んでいく。

徹夜することもあったけど、ワクワクするプロジェクトには情熱がわき、何時間でも惜しみなく時間を費やすことができた。そのワクワクと情熱は、また新しい企画を生んでくれた。

バス事件の前の自分だったら1週間悩んで出していたような答えも、事件後はその日のうちに導き出すことができるようになっていた。

「わぁ、仕事のスピードもアップしてるな！」

あげくの果てに、その年に社長賞を受賞し、車が買えるだけのお金も十分貯《た》まって、早々にバス通勤とオサラバできることになった。

「バス仲間とワイワイできなくなるのは残念だけど……でも念願の車が手に入る！　こんなに早く自分の望みが叶うなんて思ってもみなかった！」

その話をすると、韓国系のイケメンの彼も一緒になって喜んでくれた。

イケメン君

君がいなくなるのは寂しいけど、でも僕もそろそろ赴任先が変わる時期だったんだ。新しい配属先は家の近所になりそうだから、多分この長いバス通勤ももうすぐ終わりさ。

彼はお金を貯めて自分のレストランを経営したいと言っていて、あれから準備が早まったと言っていた。彼の状況もよい方向に変わったことがわかり、私も嬉しかった。

ゾーンに入る

ANOYO to TALK

「あれは自分にとって大きな発見だったなあ」

当時を振り返ってそう思った。バスで過ごしている時間は同じはずなのに、気分が違うだけであんなにも体験に差が出てくるなんて。気持ちが楽な時、ワクワクする時って何もかもが上手く運んでくれるようだ。なんて面白いんだろう。

ネブラン **願いを達成するにも、イヤイヤの道のりは遠くて険しいんだよ。それに対して、気持ちが楽な道のりは一番の近道なのさ！**

とネブランがささやいた。

私 **よーく思い出したよ。なるべくワクワクして〝楽しむこと〟〝喜び〟がちょっとでも多くあるほうを選んでいけば、フィルターが変わるだけじゃない、現実**

も変わっていくんだってことをさ！

ネブラン　そうさ。君たちがワクワク楽しんでる時は、１００％ピュアで、１００％パーフェクトなあの世のハイヤーマインドとつながってる。だからあの世にいる時みたいに、願いがすぐに叶いやすいんだ！

私　なるほどね。あの時はハイヤーマインドの視点を持ってたから、現実がうまくいってたのか。

ネブラン　そう。人は１００の自分に近づきたいわけだから、気持ちが楽だったりワクワクするような、ハイヤーマインドの意識のほうへ気持ちが自然と流れていくんだ。そして誰でも〝ゾーン〟に入ることができるんだよ。

私　ゾーン？

ネブラン　何かに夢中になって我を忘れる状態のことさ。ゾーンに入っているのって、まさにワクワクの絶頂期の状態なんだ。たとえ厳しいトレーニングをしていても、気の遠くなるような緻密な研究をしている時でも、やってる本人が楽しかったら、時間の感覚がなくなってワクワクだけになる。それがゾーンに入っている状態だ。ゾーンに入っている時って周囲が全く気にならないし、次から次へとワクワクが増えてく。そして思わぬスピードで目標も達成されるんだよ！

私　スポーツ選手だったら、すごい成果を上げた人が、周りの動きがスローモーションに見えたって言ったりするでしょ？　あれは究極のワクワクでゾーンに入ってるからなんだよ。

ネブラン　確かに、仕事をしていても、気持ちが楽な時のほうがだんぜん長続きするし、達成するのも早いな！

私　ガリレオやダ・ヴィンチが天才的な発明をしたのだって、マイケル・ジャクソンの神業パフォーマンスだって、みんなそうさ。心底ワクワクしてゾーンに入ってたから偉業を達成することができたんだ。

マイケルのインタビューをテレビで見たことあるよ。あんなすごい動きに到達するにはよほどの練習と厳しい鍛錬が必要だったはずだけど、本人は楽しんでやってるから全然苦痛じゃないって話してた。彼もゾーンに入ってたわけか！

バレエを見た時もそうだった。一流バレエ団のプリンシパルまで上り詰めた人が、とても楽しそうな笑顔で踊ってて、ワクワクが伝わってきて感動したんだ。だけどそこに行くまでには、体がボロボロになるまで練習して、血のにじむような努力をしてたんだよ。あんな練習、自分だったら冗談じゃないって思うけど、本人はそれを楽しんでいて驚いたよ！

ネブラン　神業を成し遂げる張本人はワクワクしてるから、努力しているなんてこれっぽっちも思っちゃいないんだよ。何ごとも達成するには努力！根性！って言ってた人には残念なお知らせだけど、努力していると捉えたとたん、ゾーンから外れてしまうのさ。

私　そうかあ、ワクワクを選んでゾーンに入るってすごい近道なんだね！　まるで目標までワープするみたいだ！　だったら目標を達成したければ、自分が好きでワクワクして、何の抵抗もなくできる方法でやったほうがいいな。
確かに自分が車を買った時も、我慢して節約するより、ワクワク仕事してたほうが合っていたみたいだ。
バス事件の前は、車を買うにはまずは節約節約節約！と思ってたから、毎月貯金をいくらいくらして食費はこれだけに抑えて……ってカツカツ生活をしていて、ワクワクとはほど遠かった。そのプランでは車を買う時期はもっとずっと後のはずだった。しかもストレスがたまって結局無駄にお金を使ってしまったし……あれじゃあ、車を買うまでの道のりは長かったよ。

ネブラン　そう。もし君がコツコツお金を貯める方法が好きだったら、節約してたほうが車を早く買えたかもしれない。どんな方法がいいかは、人によってさまざまなんだ。だからそれは自分の心に聞いて見つけていくしかないのさ。

ワクワクで自分を忘れる

私　でもあまりにもゾーンに入って集中してしまうと、最終目標もすっかり忘れちゃうんじゃないの？

ネブラン　忘れちゃったっていいんだよ。今ここのプロセスに集中して、結果も忘れ、この世の自分を忘れたほうがいいんだ。そのほうが、ワクワクなエネルギーに身を任せ、ワクワクそのものになることができる。

そんな時の君たちは、ハイヤーマインドと100%コミュニケーションを取っていて、自分というアンテナであの世の情報を100%受信してるようなものだからね。だからうまくいくんだ！　逆に結果を気にしてると、ハイヤーマインドと分離してしまうんだよ。

君、ブルース・リーって知ってる？

私　有名な中国武術の達人でしょ？

ネブラン　彼は哲学者としても知られていて、よく「水になりなさい」って言ってたんだ。

水は流動的でいろんな形に変わるでしょ？　ポットの中に入ったらポットの形になるし、手に流したら、手の形に添って水が入る。そんなふうに、結果のことを忘れ、目の前のことに集中して身を任せたほうが実は結果も出るってことさ。

私　スポーツだって、結果にこだわらないほうがうまくいったりするでしょ？　そのほうがゾーンに入りやすいからなんだよ。

ネブラン　そう言われてみれば、夢中でスポーツしてる時って、勝ち負けなんてどうでもよくなってるな。だけど、自分だったらつい試合中に「うまくいかないんじゃないか」なんて思ってしまうこともある。そんな時はどうしたらいいんだろう？

私　その時はこの前言ったように、外に出てるってことを意識して、どうやってまたワクワクに入ればいいのか考えたらいいのさ。

ネブラン　なるほど。どんなに結果がうまくいかなくたって、途中のプロセスでワクワクしてたら、その時充実してた思いっていうのは残るもんね。そこにフォーカスしていけばいいかもしれないな。

私　そう。試行錯誤していくうちに、自分がどうしたらゾーンに入れるかわかってくるよ。

私　経営者でも、周りに反対されても「好きなことをやりたいから」って気持ちだけで自分が楽しいこと、ワクワクすることをやっていたら気がついたら会社が大きくなってた、なんて話も聞くよね。人気のある芸能人だって、親に大反対されたけど、それでもやりたかった、なんて言う人がいるし。やっぱり楽しいからやってるほうが成功しやすいのかな。

ネブラン　ワクワクのエネルギーには、自分の全部を捨ててもこっちをやりたいと思うような強さがあるからね。そのエネルギーに人が集まってくるから、お店でも人が集まるし、人気が出るんだよ。

ただ、人気が出て売れることだけが成功ではないよ。テレビに出れなくて、働きながら舞台で好きなお芝居を続けてる俳優さんだって、ワクワク楽しんでるうちに、いい伴侶に巡り合えて幸せな結婚ができるかもしれない。

最初考えていた成功とは違うかもしれないけれど、必ずいい方向に導かれていく。ワクワクには道を切り開くパワーがあるんだよ！

私　ワクワクすることをやろうとしても、好きだからとしか言えなくて反対されることもあるけど、シンプルに好きだからでいいわけか。

ネブラン　そうさ。ただ好き、ワクワクする。理由はそれだけでいいんだよ！　目標達成だけじゃなく、それまでの道のりで幸せをたっぷり味わえるわけだから、ワクワクすることをやらなきゃ損でしょ？

ワクワクのプロセスも幸せ

「言われてみればそうかもしれないな」

先日親友の奥さんと会った時の会話を思い出した。彼女はこう言ってたっけ。

奥さん　夫が闘病していた3年間って、たった半年くらいにしか感じられなかった。介護は肉体的に大変だったけど、ワクワクを取り入れて一緒に楽しんでたから、いつも笑いがあって楽しかったわ。たくさんの夢を語り合って、たくさんの愛を受け取ることができた。すごく濃厚な時間を一緒に過ごせて、すごく幸せだったの！

それを聞いて私はこう答えた。

私　それはあいつも同じだったはずさ！　お見舞いに行った時、あいつも「毎日が楽しくて1週間が3日くらいにしか感じないよ」って言ってたよ。あの時のあいつはとても満たされた感じだった。あいつがとても幸せだってことが一目で

するとは彼女は「ありがとう」と言って、こらえきれず涙を流した。

わかったよ！

私　見舞いに行った時、ちょっと羨ましくて、自分もこんな感覚でオサラバできたら幸せかもな、と思ったりしたな。親友の病気が見つかって、入院して……二人にとってはつらい時期だったはずだけど、毎日ワクワク楽しもうとしてたから、まるでゾーンにいる時みたいに濃厚で幸せな時間が過ごせたんだろうね。

ネブラン　そうだよ、気持ちが楽でワクワクするほうを選んだら、幸せも摑《つか》みやすいんだ。だから何ごとも、イヤイヤやるんじゃなくて、楽しくワクワクする方法でやることを考えたほうがいいよ。その間に幸せが味わえるし、苦痛だった時間もあっという間に早く終わっちゃうからね。

私　こりゃあ自分の人生が丸ごとゾーンの中にあったらものすごいことになるな！　そもそもこの仕組みを教えてくれたきっかけは、あのバスのタバコのお兄さんだったわけだから、お兄さんには感謝だ！　タバコのお兄さん、あなたの起こした事件のおかげで、人生は意識次第で楽なほうに行けるって理解できたし、幸せの近道がわかったよ。だからタバコのお兄さん、ありがとう！

ネブラン　君って本当にゲンキンだよねえ……。

ネブランのちょっと呆れたような声がした。

引き寄せの法則はあった

私　だってさ、ワクワクしてたほうが現実も良いことがあるって、あの時まで誰も教えてくれなかったんだもん。気づいたのも自分が初めてかもよ？

ネブラン　いやいやいや、世の中では有名だよ。だいぶ前から〝引き寄せの法則〟って言われてるでしょ。

ネブラン　引き寄せ……？　それなんだっけ？

私　そこは自分で調べなよ！　じゃあね！

ネブランの声はそれっきり聞こえなくなった。

しょうがなくまたパソコンを開き、ネットで検索してみると、

「え、エスターだって!!」

最初に出てきたのは、なんとエスター・ヒックスという名前だった！

「もしかして、このことを知りなさいっていうサインがずっと送られてきてたのに、自分が気づかなかったから、エスターに怒られたのかもしれないな……」

よく調べてみると、エスター・ヒックスは、〝エイブラハム〟とチャネリングしている人だった。エイブラハムとは見えない世界の意識の集合体で、人類にさまざまな知恵を授けている存在らしい。

エイブラハムの名を有名にした「引き寄せの法則」では、現実はその時の自分の想いや感情によって引き寄せるものであり、ワクワクしているとさらにワクワクするような現実が起こると言われているという。

「なるほどなあ。エイブラハムが言っていたのは知らなかったけど、ワクワクしていると幸せな現実を引き寄せるっていうのは、自分も経験してるから本当だと思えるな」

写真で見るエスター・ヒックスは夢の中のチャッキーとはまったくの別人だったから、心から安堵《あんど》した。でも、バシャールにしてもエイブラハムにしても、それまで知らなかったのに、夢で名前を聞かされ、調べると面白いようにつながっていく。

　これからバシャールやエイブラハムのことをもっと知りたいと思った。しかもそのことにどんどんワクワクしている自分がいた。

第8章

ANOYO to TALK

まいた種を刈り取る

天罰は起きない

ANOYO to TALK

　ある時、バシャールやエイブラハムの言葉を調べていたら、何となく気にかかった言葉があった。

「自分のまいたタネは自分で刈り取ることになる」という言葉だ。

「それって因果応報とか、カルマってこと？　でもカルマは自由選択って親友が言ってたしな……あれ、そういえば」

　思い出したのは子どもの頃のあのカミナリおやじとの会話だ。

　当時、椿のつぼみをもぎ取って集めるのが子どもたちの間ではやっていた。つぼみをガラスの瓶にいくつも集めて眺めていると、魔法のポーションを手に入れたような気がして嬉しかったのだ。

　子どもたちの行く手を阻むのがカミナリおやじだった。見つかると決まって

ものすごい勢いで怒られた。あの頃カミナリおやじはよく、

おやじ

お前たち天罰が下るぞ！

と言っていた。

ところがまたカミナリおやじに出会わないよう隠れてつぼみを取るのが、子どもたちにとってはスリル満点だった。「一人○個まで取ったら勝ちね！」という具合に競争して遊んだりして、それはもう楽しかった。

カミナリおやじは普段はぜんぜん怖くなかった。いつもポケットがいくつもあるジャケットを着ていて、ポケットに忍ばせていたキャンディーをよく子どもたちにくれた。

怒る時は怖かったけど、ちゃんと理由があって怒っていたから、叱られても子どもたちも納得していた。

それに、子どもながらに悪いことをしているという認識があったものだから、内心「本当に神様に叱られるかも！」という想いがあったりもした。仲間と一緒に、天罰を受けないようおまじないを編み出したりしたこともあった。

後悔のない100%の想いでやる

ある年の夏休み、友だちがみんな出かけてしまって、暇を持て余した時があった。すると一人ぼっちで外で遊んでいる自分を見つけたカミナリおやじが、散歩に連れて行ってくれた。

歩きながら、いつも不思議に思っていたことをカミナリおやじにたずねた。

子どもの私　ねぇ、おじさん。天罰ってどんなの？

おやじ　悪いことをすると舌を抜かれたり、おへそを取られたりすることだよ。

子どもの私　悪いことって？

おやじ　生き物を傷つけたり、人にやってはいけないことをやったり、言ってはいけないことを言ったりすることだよ。

君のやったことは君にそっくりそのままブーメランみたいに必ず戻ってくるんだ。だから生き物を傷つけたらだめだ。いけないことをしたり言ったりしておお友達を悲しませてもダメなんだよ。君は嫌な目に遭いたくはないだろう？

やばいな。さんざん悪いことをしてるじゃないか。心当たりが大ありだ。あせりながらも、

子どもの私　**いいもん、神様に言って取り消してもらうから。**

と言い逃れをした。神様なら頼めばきっと許してくれるんじゃないかと思ったからだ。ところがカミナリおやじに言われてしまった。

おやじ　**取り消しはできないの！　神様は一度やったことを取り消すことはしない。やったことはやったことで、君の記憶には残るだろう？　それが取り消しがきかない証拠だよ。だから初めから取り消したいって思うようなことはやらないことだ。**

子どもの私　**えー嫌だよ。なんとかならないの？**

おやじ　**そうだな、だったら100％の想いでそれをやることだな。**

子どもの私　**100％の想いって？**

おやじ　**100％後悔のないように、思いっきりやるってことだよ。そしたら天罰は起きないよ。**

天罰から逃れられるとはありがたい。ほっとした。

それからカミナリおやじは「ご苦労さん」と言ってキャンディーを渡してくれた。

あの時カミナリおやじが言ったことは、子ども心にとても意味のある話だと感じた。大人になっても椿を見ては、あの時の会話を思い出すことがよくあった。

波動の法則は平等

私　天罰じゃなくて、あれが自分で自分がまいた種を刈り取るってことだったのかな。

ネブラン　そうだよ。あのおやじさんが言ったことは、正確には天罰ではないんだ。

ネブランがまたささやき始めた。

ネブラン　神様は人に罰は与えない。神様はハイヤーマインドよりずっと高いワンネスの意識を持ってるわけだから、〝無条件の愛〟ですべてを受け止める究極の存在なんだよ。神様がジャッジしたり罰を加えるっていうのは、人間が編み出した作り話なんだ。

私　ネブラン、ってことは、親友が言ってたカルマの話と同じで、自分が自分に与えてるってわけ？

ネブラン　そう、自分が作り出してる。引き寄せの法則も、シンクロも、カルマも、波動の法則のことを言ってるんだよ。

私　波動の法則って？

ネブラン　感情や想いというタネが生まれると、そのタネが外にまかれて発芽するのさ。そしてブーメランのように体験として自分の元へ運ばれてくる（左図）。つまり〃自分がまくタネ〃っていうのは、自分の中からわいてくる感情や想いの波動なんだよ。何かあった時の自分の心の反応とも言えるかな。

私　心の反応？　実際に何をしたかとか、何を言ったかの反応じゃなくて？

ネブラン　心の反応の後に続く実際の行動は、さほど問題じゃない。例えば〃悪いことをしてる〃という感情があると、後でその感情を引き起こさせる体験

私　が戻ってくるんだ。これが〝自分のまいたタネは自分で刈り取る〟ってことだ。この前君が言ってたように、一度誕生した感情や想いのエネルギーは消し去ることができないから、どこかで刈り取ることになるってわけか。それならカミナリおやじが言ってた「取り消しできない」ってのも、心の反応のことって考えたら納得がいくな。

そういえばあの頃、つぼみを取ってても、見つかってこっぴどく怒られるやつと、まったく見つからず平気なやつがいたな。見つからないやつは悪びれた様子がまったくなかった。あの時は不公平だと思ってたけど……。

ネブラン　自分の感情や想いのエネルギーが自分に必ず返るという意味では、まったくのフェアなのさ！　波動の法則は誰にでも平等なんだ。世の中って複雑に見えても、本質はとってもシンプルにできてるでしょ？

私　なるほど、だからカミナリおやじは100％の想いでやればいいって言ってたのか！　そしたら悪いことしてても全然平気じゃん！　物を盗むとか、犯罪したって大丈夫じゃん！

ネブラン　もちろんさ、君が100％、悪いことじゃないって思えるならね！

私　うっ……！　確かに犯罪して100％悪くないって思うのは難しいな……。

ネブラン　**ちょっとでも自分が悪いって思いそうなことだったら、やめておいたほうがいいんじゃないの？**

一瞬わいた犯罪者計画だったが、あっけなく頓挫してしまった。

ふとどこからか椿の花の匂いが漂ってきた。このあたりに椿の花はないはずなのに。

「ネブランが言ってた、あの世からのお知らせか。カミナリおやじがそばにいるのかな」

きっとカミナリおやじがあの世でサインを送ってくれているに違いない。

「カミナリおやじがヒントをくれたおかげで、わかってきたよ。ありがとう！」

この世の願いは時間差で叶う

明晰夢・おばあちゃんのキャンディ

その夜、夢の中でまたトンネルを抜けると、虹の上に降り立った。七色の光が輝く場所で、たくさんの人が並んでいる。

ネブラン **あれは転生を待つ人たちの列さ。**

ネブランが教えてくれた。

江戸時代風の人がいたり、子どもにミルクをあげている外国人のお母さんもいる。いろんな時代のいろんな人種がごちゃ混ぜになって、自分の番が来るのをひたすら待っていた。

私 **すごい行列だなあ。**

ネブラン **この世に生まれたい魂はいっぱいいいるからね。だから無事生をうけて今この世**

に生きてる魂は、とてもラッキーなんだよ。

虹の下にはこの世の物質界が広がっているのが見える。ものすごい高いところにいるようだ。

順番待ちをしている人たちはみんなワクワクして楽しそうだ。生まれてから何したいかを嬉しそうに語り合っている人たちもいる。

私　**まるでテーマパークに行くときの行列みたいだね……。**

ディズニーリゾートやユニバーサルスタジオはアメリカでも人気だ。そういえばジョイが言ってたなあ、この世はハリボテの世界だって。

「この世に来られるのって、貴重なプレミアムチケットが当たるようなものかもしれないなあ……」

感心していると、虹の上に学校があるのが見えた。

ネブラン　**あそこは最近あの世の住人になった人達が、最初に集う場所なんだ。**

ネブランが解説してくれた。校舎から心地よい歌声が聞こえてくる。

ネブラン　**この前亡くなった君のおばあちゃんもそこにいるよ。**

ネブランが教えてくれた。

私　**え、おばあちゃんが？**

母方の祖母は少し前に亡くなったばかりだった。その少し前、すでに亡き祖父が夢に出てきて、「おばあちゃんは今度の誕生日より前に亡くなるから、家族に伝えておいてくれないか？」と言っていた。言われた通り日本に住む親戚たちに伝えると、本当に祖母は誕生日の前に亡くなってしまった。

私　**おばあちゃん、会いたいな！**

次の瞬間、歌声が聞こえる校舎内にテレポートしていた。

私　**わ！　びっくり！**

ネブラン　**あの世では誰でも、思ったらすぐそこにテレポーテーションできるんだよ！**

そこには大好きな祖母がいた。

私　**ばば！**

すぐさま手を広げて駆け寄ると、祖母も嬉しそうに駆け寄ってきて、私を抱きしめた。

祖母　**よく来たね！　ひさしぶりだねえ！**

私　**ばば、学校で何してるの？**

祖母　**あの世の仕組みを思い出してるんだよ。この世に生きているうちに忘れてしまったことがたくさんあるからね。でも基本は一緒だからすぐに思い出せるよ。**

私　一緒って？　何が？

祖母　ブーメランのことだよ。想いが現実になって返ってくるってことは、この世もあの世も変わらないんだよ。ただスピードが違うだけ。この世はあの世の一瞬をびよーんと長く伸ばした世界って聞いただろう？　だからこの世ではブーメランが戻るのに時間がかかる。でもあの世では瞬間的に戻ってくるんだよ。

私　瞬間的に？

祖母　そう！　瞬時に想いが叶うんだよ。キャンディーが欲しいって願えば、ほらっ！手のひらにあるでしょう？

私　本当だ！　これ持ち帰りたいな。もっとたくさん出して！

私がせがむと、祖母はたくさんの色とりどりのキャンディーを渡してくれた。

私　よーし、絶対にこの世に持ち帰るぞ！

祖母　そういえば、日本の家に私が暮らしてた和室があっただろう？　あそこのタンスの二番目の引き出しに1枚着物を入れてあるんだけど、あの着物は大事だから捨てないでって、家族に伝えてもらえるかい？

私　うん、わかったよ。

祖母　物質界を動かすには、あの世の存在だけじゃ難しいよ。やっぱり物質界のあな

たたちが動くのが一番だね。

祖母と別れ、現実の世界で目が覚める瞬間まで、キャンディーを持つ手の感触を意識して忘れないようにしていた。

＊＊＊＊＊

ブーメランは戻る

「あー、やっぱりなかったか」

夢で見たキャンディは、現実の世界に戻ったら消えてなくなっていた。

「まあ、そんなものか。手からパンを出せるインドの聖者だったらできるかもしれないけど……」

そんなことを思いながら、祖母と同居していたいとこにメールをし、夢で見たことを伝えた。すると間もなくいとこから返信が来て、「おばあちゃんの着物、言われたところにありました！　大事にとっておくね」と書かれていた。

それから数日経った夕方のことだ。「ピンポーン」と呼び鈴が鳴ったので出てみると、近所に住むようになったジョイスが立っていた。ジョイスは相変わらず楽しそうな笑顔で、

ジョイス　**キャンディーいらない？　昨日景品で当てたんだけど、あまりに多すぎてうちだけじゃ食べきれないのよ！**

と言って大きな袋を差し出した。袋の中にはたくさんのキャンディーが詰め込まれていた。

私　**わ！　キャンディー！**

驚いたな。ブーメランが戻ってきた！　おばあちゃんが言ったように、この世では時間差なんだ。でもちゃんと戻ってくる！

私　**ありがとうジョイス。最高だ！　遠慮なくいただくよ！**

嬉しくなってジョイスに何度も礼をした。

「うーん。やっぱり想いや感情が現実の世界を作ってるわけか。まるで魔法みたいじゃないか！」

ネブラン　**それが魔法っていうなら、この世の人はみんな魔法使いだよ！　君は忘れてるかもしれないけど、タネをまいてるのは自分なんだから。**

私　なるほどね、ブーメランを投げているのは自分なんだったら、体験として返ってほしいタネをまけばいいわけか。

ネブラン　そうさ、未来のタネは自分で選べるんだから、投げかけるタネを変えればいいんだよ。

私　だけど〝心の反応〟って、条件反射みたいなものじゃない？　感情や想いって、物を叩いたらカーンって鳴るように自動的に反応しちゃうよね。それをどうやって変えればいいんだい？

ネブラン　それを変えたかったら、普段のものの捉え方を変えることさ。普段からポジティブなフィルターで見ていたら、ポジティブな反応になるだろう？　そうしたらポジティブな現実がブーメランでやってくる。ほしいものが手に入ったところを想像してワクワクしたら、本当にそれが手に入るってわけ。

私　自分のものの見方を変えさえすれば、それだけでほしいものは何でも手に入るのか。ホントにガマンも根性もいらないんだな。

ネブラン　そうさ。君の頭で想像できることなら、絶対に叶うんだよ。ただ……。

私　ただ、何？

ネブラン　今の人生の中で達成できるとは限らないけどね。亡くなった後に叶うかもしれないし、来世で叶うかもしれない。

私　うーん。この世の自分からしたらこの寿命の中で、できるだけ早く叶ってほしいんだけど。

ネブラン　早く叶ってほしいなら、心の中のブレーキを外すことさ。

私　心の中のブレーキ？

自分の想いがブレーキになっている

ネブラン　実は君たちは、夢を叶えたいといいつつ、叶ったら大変そうだな、とか、自分にはムリだとか、ネガティブ感情を持ってるものなんだ。

最初に私と会った時、君は恐れを手放せなかったから、飛ぶことができなかったでしょ？　あんなふうに、ネガティブ感情との葛藤がブレーキになって、歩みがスローダウンしてしまうのさ。

だから、100％本気でポジティブにならないと、100％ポジティブな現実をすぐに実現することはできないんだ。50％ポジティブだったら、50％のポジティブな体験が戻ってきて、あとの50％が疑念や恐れの想いだったら、50％は

私　疑念や恐れを体験する現実が戻ってくる。むむむ……昨日の犯罪の話と同じだな。100%ポジティブにはなかなかなれないわけか。そんなに簡単な話じゃなかった。じゃあ、やりたいことをワクワクやってるはずが、なかなか結果が思うように出ない人っていうのは……。

ネブラン　たぶん、自分には不可能なんじゃないか、できないんじゃないかっていう感情がブロックになってるんだろうね。
ハイヤーマインドだったら、一瞬にして100%できるから、〝これは私にはムリ〟なんて思わないんだけどね（下図）。

私　確かに、あの世では何でもすぐ100%の確立でできちゃうんだから、できないとは思わないよね。ナポレオンじゃないけど〝余《よ》の辞書に不可能はない〟ってわけか。そ

あの世の自分（ハイヤーセルフ）

この世の自分

ネブラン　りゃあの世の自分の視点は100%ポジティブにもなるよね。

私　そうなんだ、だからこの世の君が上手に歌えるようになりたいって願った時、あの世の自分はそれを瞬時に可能にしているってわけさ。

ネブラン　ハイヤーマインドは、この世でも瞬時に望みが叶うようにしてくれないの？

私　この世界では考えたことが現実になるための〝プロセス〟を踏むことも大事なんだよ。プロセスを経験しないと、問題を解決するために学んで、成長して、魂が進化する、という目的が達成できないからね。でも、そのプロセスをどう進むかは、あの世のハイヤーマインドが教えてくれている。

それにハイヤーマインドは決して君たちを見捨てることはない。君たちの可能性をずっと疑わず、どんなに時間がかかっても必ずできると信じてる。

ハイヤーマインドって、どんなにできの悪い子どもでも、最後まで味方でいてくれるお母さんみたいなものなんだね。ありがたいな。

ワクワクは無条件

私　で、心のブレーキがあるのはわかったけど、どうやって外せばいいんだっけ？

ネブラン　この前言ったように、ワクワクを追い求めて、今の自分にフォーカスして、ゾーンに入ればいいのさ。そうすればできないっていう想いや恐れは消えていくよ。

私　ゾーンに入ってる時って、我を忘れてるから結果を求めないよね。じゃあ、お金持ちになりたいとか、成功したいとか、結婚したいとか、結果を求める気持ちはいったん忘れたほうがいいわけ？

ネブラン　そうさ。根本的なワクワクのエネルギーは条件付きじゃなく、無条件にわいてくるものだからね。

例えば、結婚するとかお金持ちになるっていう夢があっても、それはワクワクするためのツールとして考えたほうがいい。「結婚がすべてだ、結婚してないと自分は幸せじゃない」と思って、結婚という結果に執着してしまうと、そのプロセスにいる間にワクワクの中になかなか入れなくなるからね。

結果を求めれば求めるほど、ワクワクの外をぐるぐる回ってるような状態になるから、逆に遠回りになってしまうのさ！

私　じゃあ、好きな人がいて、その人といたらワクワクするときは、そのワクワクに集中してたほうが、結婚しようって話になったりするわけ？

ネブラン　そういうこと。だってその人を想ったらワクワクするってことと、結婚っていう条件は関係ないでしょ？　だったら「結婚なんて関係ない、こんなにも好きな人がいるだけで私は嬉しい」っていう、ピュアな気持ちを追い求めたほうが、幸せな結果に導かれるよ。

私　確かに関係ないよね。少なくとも恋のワクワクは結婚したらなくなっていきそうだし……。

ネブラン　もう、夢のない話だなあ。マハトマ・ガンジーの奥さんや、キリストの妻と言われるマグダラのマリアは、二人とも好きな人がつかまって監獄に入れられたり処刑された時に、「夫がそばにいようがいまいが、生きていようがいまいが、私の愛は変わらない。夫との関係は一生変わらない」って言ったんだよ。そういうピュアな気持ちを持っていた彼女たちは、それで幸せだったんだ。

私　ネブランのほうが私よりロマンチストだね……。

叶うまであきらめない

私　それにしても、どんなに時間がかかっても、ハイヤーマインドが導いてくれていつか望みは叶うってことを知れば、結果を気にせずただワクワクを追い求めていけそうだね。

ネブラン　そう。自分にはできるはずだって信じられることは、本当は何でもできるんだから、安心したらいいのさ。

私　何でもできるのかあ、自分の可能性を信じられそうだ。

ネブラン　だからよく「あきらめちゃダメだ」っていうけど、本当にあきらめちゃダメなんだよ！　可能性の扉を自分で閉じてはダメだ。ピアニストになりたいんだったらピアニストになるための道を向かっていけば、次へ次へと進むステップが現れる。それに夢中で取り組んでいるうちに、急に綺麗に弾けるようになったり、うまくできるコツをつかんだりして、そのうちいつのまにか夢に到達するんだよ！

私　ガマンや根性はいらなくても、自分軸で生き、自分の心地よい思いを大切にしたり、少しでもワクワクを選択することはやめたらダメだね。思ったより簡単じゃなかったけど、でも、１００％ポジティブになる挑戦だったら楽しいはずだ！

第9章

ANOYO to TALK

サインの意味を知る

ハイヤーマインドはサインを出している

ANOYO to TALK

「よーし、このままワクワクを追い求めて、いい現実を引き寄せるぞ！」

ネブランに教えてもらって、翌日からワクワク気分で仕事を始めた！　……でも、それができたのは最初だけだった。日々忙殺されているうちに、自分を振り返る時間もなく、すっかり楽しさもワクワクも消えかけてしまった。

「はあ、疲れたなあ……。でも今日中に片づけないといけないことがあるからなあ」

仕事が終わらないので、夕方いったん家に帰ってまた続きをやることにした。

「しょうがない。コーヒーでも飲んでまたひとがんばりしよう」

ため息をつきながら、街を歩き、またいつものコーヒースタンドに向かった。

偶然にもコーヒースタンドには、以前「人生は楽しい」というTシャツを着ていたカップルがいた。さらに、道の向こう側から何やら動くものが近づいてくるのが見える。

「おや、いつものワンちゃんじゃないか」

ちょうどカップルを見かけた日に歩いていた犬だった。あれからしょっちゅう散歩しているのを見かける。

「ありがとう。君のおかげでフィルターのくもりに気づけたよ」

顔を見ていたら、犬もこちらをじっと見た。そして突然こちらに向かって走り始めた。

飼い主　**ストップ！　ストップ！**

飼い主の制止も聞かず、ヤバい勢いでどんどん向かってくる。

飼い主　**危ない！**

次の瞬間、私は道路に倒れていた。犬に体当たりされて転がってしまったようだ。

飼い主　**大丈夫？**

すぐさま飼い主だけでなく、それまでまったくこっちを気にも留めなかったカップルや、街の人たちも駆け寄ってきた。

私　**OK、大丈夫……いたたっ！**

元気に立ち上がろうとしたが、足に激痛が走り、しゃがみこんでしまった。

翌日、上司に電話して休みを取った。

私　**はい、そうです。あと1週間は家で安静にしなさいってドクターに言われて……。**

上司はがっかりしていたが、足が痛くて動けないのだからしょうがない。

「こっちもせっかく仕事頑張ろうと思ったんだけどなあ……。でもまあ、これもポジティブに考えて、休暇を楽しむとするか」

手帳をパラパラとめくって気がついた。

「そうだ、今日はジェイシーの会にまた参加する予定だったんだっけ！」

ジェイシーに電話して理由を話し、今日は欠席すると伝えた。

ジェイシー　**Oh My God！　もちろん今日は家で安静にしてて！　それは君のハイヤーマインドがサインを送ってるのかもしれないから、気づけるといいね。**

私　**ハイヤーマインドからのサイン？**

ジェイシー　**そうさ、例えば君が、仕事を終わらせなきゃってあせってたから、「少し落ち**

着いて、ちょっと仕事を中断してゆっくりしなさい」ってことだったかもしれないよ。ちょっと考えてみたらピンとくることがあるんじゃないかな。じゃあお大事にね！

ジェイシーの優しい声に励まされながら電話を切った。

「落ち着いてゆっくりかあ。ちょっとドキッとした。図星かもしれない。ジェイシーはなんでわかったんだろう」

ネブラン　やっとサインに気づいたようだね。

私　ネブラン、あれも君の仕業だったのかい？

ピンと来たことが答え

ネブラン　私が、というより、ハイヤーマインドのサインに気づくように君が自分で仕向けていた、って感じかな。

私　自分？　わざわざ自分で仕向けてたの？

ネブラン　この世の君たちは、無意識にハイヤーマインドから指示を受け取って行動に移してるわけでしょ？　その指示を教えてくれるのがサインなんだ。

私　それってやっぱり、この世で生きる目的を達成するために教えてくれてるの？

ネブラン　まさにその通りさ。サインの意味がわかると、どうやって人生のチャレンジに取り組んだらいいのかとか、自分がどんなふうに生きたらいいのかがわかる。例えば苦手な人がそばにいた時、自分が成長するためにその人が何を教えてくれるのかがわかれば、苦手を克服することもできる。だから何かあった時に、サインの意味を考えるといいんだ。

私　でも、同じケガをしたとしても、ゆっくりしろってことかもしれないし、ケガに負けずに仕事しろってことかもしれないでしょ？　どっちが正しいかなんてわからないけどなあ。何の意味があるのかは誰かに聞いたほうがいいのかい？

ネブラン　他人にはアドバイスはできても、サインの意味に気づくのは自分にしかできないよ。意味は人に与えてもらうものじゃない。自分に聞いていくと、必ず気づきがあるんだよ。

私　うーん。確かにジェイシーに指摘された時、「当たってるかも！」って思ったけど、休むための言い訳としてこじつけてるような気もしちゃうんだよね。

ネブラン　こじつけでも何でもいいのさ。自分が思ったこと、ピンときたことが答えなんだ。

私　でも、自分の気持ちがポジティブな時と、ネガティブな時ってサインの受け取り方も気づきも変わってくるんじゃない？　ケガしても「ついてない」って思うこともできるし、「休めるチャンスだ」って捉えることもできそうだし。

ネブラン　どっちに捉えてもいいんだよ。その時にどう思ったかで、今自分がネガティブなところにいるのか、ポジティブなところにいるのかがわかるでしょ？　それに気づいて、ポジティブな意味づけをしたくなったらすればいいんだ。

想像力が大切

私　へえ、何でもありなんだな。

ネブラン　起こること自体はニュートラルだからね。自分で選べるんだよ。

私　じゃあ出来事に何も意味づけしないってこともできるんでしょ？

ネブラン　もちろん自分が気づきたくなかったら気づかなくてもいい。サインに関係なく生きることもできる。だけど、ちょっとでも「何か意味があるのかな？　気になるな」って思うことがあれば、サインは何だろう？って考えれば、探していた答えが見つかるかもしれないよ。

私　なるほどね。それならまずサインがあることを自分で認識しないといけないね。

ネブラン　そうさ。電車が遅れたとか、携帯が壊れたとか、今日は同じ色をよく見かけるとかでもいい。これって何のサインだろう？　って発想で見てると、必ず意味を見つけられるよ。

私　でも、何の意味があるのか、ピンとこないことだってあるんじゃない？

ネブラン　そこに気づくには自分のイマジネーションがものをいうんだよ。例えば友達がちょっと元気ないと思ったら、なんで元気がないのかな？ってあれこれ推測して、じゃあこうしてあげようって行動するでしょ？　そんなふうに、今自分が直面している現実にどういう意味があるのかっていうのを、いろいろ想像してみたらいい。あれこれ当てはめていくと、そのうちはっと気づく瞬間があるよ。

サインは自分のためにある

私　そういえば、子どもの頃伯母さんが地震を夢で教えてくれたことがあったけど、夢とか、幻想でイメージが浮かぶこともサイン？

ネブラン　君がピンとくるならサインだよ。

私　実は親友が病気になる前に会った時も、いつも夢に出てくる親戚が彼のそばにいて何か訴えてる気がしたんだよ。それに彼がどんどん小さくなって灰になって黒くなるイメージが見えた。心配になって親友に健康状態を聞いたら「全然大丈夫！」って笑って取り合ってもらえなかったけど……。でも、彼はその時に亡くなることを決めてたんだもんなあ。サインを受け取ってもムダだったのかな。

ネブラン　君がサインを受け取ったというのなら、それは君自身の気づきのためのものなのさ。結果的に周りのためになるってことはあるかもしれないけどね。すべてのことは自分のために起こってるんだよ。

私　自分のため、かあ。

ネブラン　そう。だから本当は全部が君にとって意味があるんだよ。全部が必然で、偶然はないんだ。

私　そう思えたらすべてのことに感謝できそうだね。嫌な人だって偶然いるわけじゃなく、自分の不快な気持ちに気づかせてくれるためにいると思ったら、ちょっとはありがたく思えそうだ。
日々いろんなことが起きて、あっという間に人生が過ぎて流されそうだけど、なるべくサインを意識していこうかな。

ネブラン　そう、サインに気づいて行動できたら、その分学んで成長できるからね。

私　そうすると、今こうして考える時間が与えられたってことは、やっぱりケガしてラッキーだったんだな！

ネブラン　じゃあさ、普段もなるべく寝る時にその日の出来事を思い出したり、紙に描いたりして、落ち着いて振り返るとよさそうじゃない？

私　そうさ。あと瞑想とかね。

ネブラン　瞑想？　一人でやるのって難しいんじゃない？

ネブラン　大丈夫。誰でもできるよ。

瞑想でサインに気づく

ANOYO to TALK

私　**じゃあ、どうやって瞑想すればいいの？　詳しく教えてよ。**

ネブラン　**OK！　まずはパソコン開いて。**

私　**え？　パソコン？**

ネブランに促されてパソコンを開いた。

ネブラン　**じゃあ、ここをクリック！**

私　**なにこれ？　YouTubeじゃん。**

ネブラン　**いいからいいから。**

クリックした先は動画サイトだった。しかもお笑いの動画。本当に瞑想？と怪しく思ったが、見ているうちにゲラゲラ笑ってしまった。

私　**ああ～面白かった！**

ネブラン　よし、じゃあ準備ＯＫだね。
私　えっ？　今のが準備？
ネブラン　そう。いつもやらなくてもいいけど、瞑想前にネガティブな状態だったりすると、そのネガティブな感情に囚われてしまうからね。だから始める前に自分の気分をモニターしてみて、ネガティブな状態だったりしたら気分を上げてから瞑想するといいんだ。
私　へえ、一度いい気分にする時間を取れるなら、お笑いでもいいわけか。
ネブラン　あまりにショックなことがあったりして大きくネガティブに偏ってる時は、ノートに自分のことをほめる言葉を書いたりしてもいいんだよ。今日は遅刻しないで会社に行けたとか、些細なことでいい。そうやって気分を上げてみて。
私　なるほどねえ。
あっ、エイブラハムの瞑想音楽なんていうサイトがある！　こういう音楽を聴いてもいいのかい？
ネブラン　その方が集中できるならＯＫだよ。
私　鳥や虫の声、クジラの声のようなネイチャーサウンドもよさそうだね。

メッセージは丹田から

ネブラン　じゃあはじめてみて。やる時は呼吸だけに集中するんだ。吸って、吐いて。そうすると思考がそっちにフォーカスされるから。

私　よーし、吸って、吐いて……今日はこれから何しようかな、はっ、ダメだ、他のこと考えちゃう。

ネブラン　気がついたら呼吸に集中して。

私　よーし、吸って、吐いて……そうだ急に休んだから同僚に頼まなきゃいけないことが……はっ。

ネブラン　ダメだこりゃ。集中するには手を動かすのもいいよ。そうすると雑念があまりわいてこなくなるから。

私　そういえば数珠動かして瞑想してる人を見たことあるなあ。確かにその方が集中できそう。

何とか15分ぐらい続けたら、頭がスッキリしてきた。

私　ああ気持ちよかった。この瞑想って1日何回？　時間はどれくらい？

ネブラン　朝晩2回ぐらいできるといいかもね。時間は15分とか20分ぐらいで大丈夫。

私　やる前にご飯食べてもいいの？

ネブラン　大丈夫。あまりお腹空いてたり、トイレ行きたかったりすると気を取られちゃうから、落ち着いて取り組める状態にしたほうがいいよ。

私　それから、何となくさっき、ひらめきがお腹のほうから聴こえた気がしたんだけど、あれもサイン？

ネブラン　そうさ！　瞑想してハイヤーマインドにつながると、下腹部の丹田《たんでん》のあたりから言葉がわいてくるんだ。それがサインだって意識してみると、後でどういうことかわかってくるよ。

私　瞑想するとハイヤーマインドとコミュニケーションできるってわけか（右図）。だから瞑想って心地いい感情になれるんだね。

第10章

ANOYO to TALK

新しい世の中を生きよう！

ハートのある世界を選択する

＊＊＊明晰夢・ハートを忘れた未来の人間＊＊＊

ある日、世にも恐ろしい明晰夢を見た。夢の中で起きたはずなのに、自分のベッドに寝ている。目を開けると、窓のブラインドの裏側に誰か立っていた。

私　**わっ！　誰?!**

声をあげると、その誰かがブラインドの脇から出てきた。

私　**！　宇宙人？**

宇宙人のイメージ画像でよく出てくるような、灰色の体に大きな頭をした生命体だった。夢の中にいるとわかっているとはいえ、さすがに宇宙人に自分の家に入られては怖い。

だけどその宇宙人らしき者の様子になんだか違和感を感じた。ちょっと変わった形の人間のようで、息をしている。でも感情も心の動きも何も感じられない。冷徹な機械のようで不気味な感じがする。

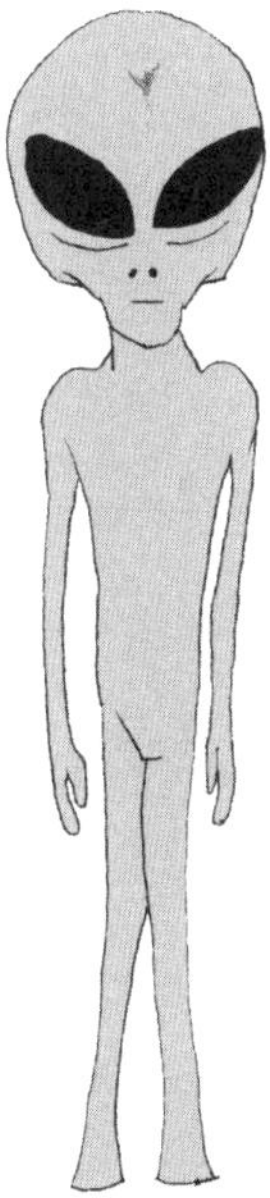

私　もしかして、人型ロボット……？

生命体　私はあなたたちの子孫。グレイ種です。

私　子孫？　グレイ種？　宇宙人じゃないの?!　人間の子孫だったら、なんでそんなに感情を殺したような顔をしてるのさ？

グレイ種　それはあなたたち人間が、ハイヤーマインドとのつながりを断ち切って、心を消すからじゃないですか！　これからもずっと人間は感情があることで憎み合い、殺し合いを止めないんですよ。そこから苦しみが生まれ、社会もコントロールできなくなってくるから、これからの人間は社会全体を維持するために感情を捨てるんです。

私　ええー、それが人類の未来？　そんなの嫌だ！

グレイ種　でも人類がこのまま進んでいくと確実にこうなりますよ。だからあなたたちのような今の人間たちにお願いしてるんです。何とか方向転換して、私たちが失ったハートを取り戻してほしいって。

私　でも、そうやって君が来てるってことは、グレイ種になる未来が確定してるんじゃないの？

グレイ種　この世にはパラレルワールドがあるから大丈夫です。

私　パラレルワールド？　量子力学でそんなことを言ってたような……何だっけ？

グレイ種　並行世界のことですよ。未来は一つではなくて、私たちの人種になる未来は数ある可能性の一つなんです。あなたたちが方向転換したら、違う未来が開けるんですよ。
いいですか。今の人類には、二つのまったく違った道へ進む選択肢があるんです。一つは、ハートを失い、機械のような人間になる道。もう一つは、ハートを取り戻して覚醒へと向かう道。
ハートを捨てた私たちの人種は、その道に進んでしまったことを後悔して、何とか今ハートを取り戻そうと画策してるんです。もし私たちの道に進むのが嫌なら、何とかハートを取り戻してくださいよ。

私　**ええー？　パラレルワールドってそういう仕組みなの？　ハートを取り戻すって言われても、私に何ができるっていうのさ。**

動揺のあまり、そこで目が覚めてしまった。

＊＊＊＊＊

ようこそ、新しい時代へ！

その後しばらくの間、呆然とグレイ種との会話を思い出していた。

「ああ、ショックだったなあ。でもハートを取り戻す、かあ。最初にレムリアのハートの話からスタートしたんだもんな……あれ、そういえば」

私は以前新しい時代について調べたことを思い出した。

「占星術では、地球はこの分岐点で黄金時代に行くって言ってたし、バシャールもハートに添った道を選ぶのが新しい時代って言ってたよな。だったら私たちには、そっちの道に進む可能性が十分残されてるってことか。黄金時代とか、新しい時代についてもう少し知りたいな」

そのとき、ふと夢の中でグレイ種が立っていたブラインドのあたりに誰かがいるような気がした。恐る恐る近づいて後ろを見たが、誰もいない。

「あれ？　本があるぞ」

そのときたまたま友人から借りていたスピリチュアル・リーダーの本だった。パラパラとめくると、貸してくれた友人がはさんだのか、カードが入っていた。そのカードには「ようこそ、新しい時代へ！」と書かれている。

本にはこんなことが書かれていた。

「今までの時代は、みんなが同じ線路に沿って、同じ方向に走っていました。ほとんどの人が〝こうあるべき〟という型にはめ込んだ思考で行動していて、自分の心が感じるままに動くなんてできなかったのです。

でも新しい時代では、みんなが自分のハートに添って行動します。だから人の数だけ正解があって、人の数だけ違った捉え方があるのが当たり前になってきます。これからは自分が地図、自分が方位磁石、自分が政府、自分が教え、自分が道、自分が軸。そして自分が答えです。たとえ誰が何と言おうと、自分の心が共鳴しなければ、それは答えにはなりません。

ハウツー本を攻略しなくても、どんな方法で望みを手にするのかは自分の心に聞いて、心がワクワク共鳴するほうに進めばいいのです」

自分軸が新しい世の中の基本になる

私　へえ、これってネブランがこれまで教えてくれたことばっかりじゃないか。

ネブラン　わかったかい？　まさに自分軸でワクワクすることが、新しい世の中を生きる基本になるんだよ！

私　ネブラン、君が教えてくれたのは、新しい時代に必要な知恵だったんだね！

ネブラン　そうさ。これからの時代、君たちは自分軸のパワーをエンジンにして、本当の自分、ありのままの自分が真に共鳴する方向に進んでいくことが求められる。新しい世の中では今までのマニュアルが使えなくなるからね。

私　マニュアルが使えなくなる？

ネブラン　普遍的なマニュアルはなくなって、誰のものでもない自分仕様のマニュアルができるんだよ。例えば、プロのカメラマンになるためにはある大学を出てから下積み期間を経て……なんていう道のりも通用しなくなる。望みをかなえるプロセスでさえも今までとは違って、ワクワクの道になるのさ。

私　じゃあこれからは、ますます自分で自分の人生を作っていかないとな。

ネブラン　そうさ。まず自分で人生を作っていきたい、作れるんだと思わない限りは何も始まらないよ。あの世の一瞬を伸ばして作った時間は、全部自分のためにあるんだよ。だから全部自分で考え、答えを出して、自分で進んで、フルに自分の人生を生きないと！

私　うーん、もうこれからは、せっかくのこの世の人生を、ワクワクしないこと、好きじゃないことに費やすことが難しくなりそうだね。

ネブラン　そうだよ！　だからもっと自分に興味を持って！　自分で考えて行動して、やってみたいことは何でもチャレンジしてみれば、失敗したって人生の達成感が100％感じられる。これから君たちはそういう幸せを求めていくのさ！

私　でもやっぱり、失敗が怖かったり、将来が心配になって心のままに行動できないときもあるなあ……。それじゃあやっぱりダメかな。

ネブラン　自分で行動に移さなかったら、前に進めない。自分にはできないだとか、向いてないなんて思ってやりたいことをやらなかったら、何も達成できないよ。とてもいい映画を見て、主人公のように生きたいと思っても、現実に戻って何も行動しなかったら絵空事で終わってしまうでしょ？　結局は知識が増えただけでまた元の自分に戻ってしまう。実践しない限りは現実は動かないよ。だけど、やりたいと思ったらチャレンジすれば、そこからまたどんどん進んでいくからね。

私　そうだね。自分が答えで自分が道になるように、チャレンジしていくよ。

自分軸では対立がなくなる

私　あれ？　自分が答えで道、自分が信じることが真実ってことは、つまり、人それぞれの捉え方によって、真実がぜんぜん異なってくるってことか。

ネブラン　そうさ。これからの世の中は、一人として同じものがなくなるから、比べることができなくなる。

私　だとしたら、ジャッジして善悪をつけたり、優劣をつけたりすることもなくなるはずだ。お互いにジャッジしなくなったら対立する感情も消え去る。だから紛争や戦争もなくなってくるってことになるんじゃない？

ネブラン　よく気がついたね！　みんなが自分の心から好きなことをしたら、お互いのことが許し合える。だから世の中の平和のためには、自分軸でワクワクで生きることが大事なんだ。

私　今までの常識では、自分を主張せず、抑えたほうが平和になるって感じだったけど、まったく違うんだね。

ネブラン　そうなんだ。聖書には終末の時代にキリストの再臨が起こるとあるけど、それもこの世に生きる君たちそれぞれが〝神なる自分〟に気がつき、地球人類が高い意識を持つようになるってことなんだよ。本当にキリストがこの世に降りてくるってことじゃないんだ。アセンションとか覚醒と呼ばれるのもこのことさ。

私　宗教ももともとそういうことを教えてくれてたわけか。

ネブラン　ヒンズー教の源流のバラモン教って、地球上で一番古い宗教の一つでしょ？その最古の経典にも、覚醒の道の話がある。エジプトの教えとか、いろいろなところでも同じことが書かれているんだよ。ブッダもキリストも根本的には同じことを言っていたんだけど、伝えていく人たちの手でどんどん変えられてしまったのさ。だから今は逆のことを言っているような宗派もあるんだ。

私　へえ、じゃあ世紀末でこの世が終わるとか騒がれてたのとは違って、逆に黄金時代の幕開けだったわけ……？

ネブラン　そうだよ。君たちが生きてる今の時代は、ホンモノの自分を取り戻して、黄金時代に進むチャンスが与えられてるんだ。

私　なるほど。その道を進めば、機械人間への道を進まなくてすみそうだ。

今までの話で言うと、レムリアのハートを取り戻すっていうのは、ハイヤーマインドからオーバーソウル、そしてワンネスに近づく、高い意識に行くことで、それが覚醒の道なわけでしょ。でそっちに行くにはそれぞれがワクワクや自分軸でハートに添って生きることが大事なわけだ（下図）。

ネブラン　だいぶわかってきたみたいだね。

私　ということは、レムリアの人たちは、ハイヤーマインドの視点で見る高い意識を持っていたんだね！

そしてワクワクや自分軸のことを教えてくれるバシャールのような地球外の生命体も、同じ視点を持っているわけか。

レムリア時代の意識
＊ハートが基盤

現在の意識
＊思考が基盤

レムリアからバシャールの時代へ

＊＊＊明晰夢・再びバシャール＊＊＊

ネブラン

起きて。バシャールが迎えに来てるよ。

夢の中で目が覚めると、またトンネルの中を飛んでいた。ものすごい勢いだ。目の前にバシャールがいて、手を引かれていたことに気づく。

バシャールは白いスカートをまとっていた。その中には何も穿《は》いていないようだ。後ろにいると布がひらひらと揺れて中が見える。

「下になんにも穿かないなら着てる意味ないんじゃないかなあ」なんてちょっとおかしく思いつつ、通り過ぎるトンネルの景色をじっと見ていた。

トンネルを抜けると、そこにはまばゆい緑色の世界が広がっていた。苔がびっしり生えた森の中に、ドーム状の建物がいくつかあって、まるでポンポンとキノコが生えているように見える。よく見ると小太りの小人のような人たちがちらほら歩いている。バシャールが建物の一つに入って行くので、後を追って自分もそこへ入っていった。

建物の中は宇宙船とつながっていた。見た目と違ってものすごく大きい空間が広がっている。船室のような場所に通され、待っていると、バシャールがやってきた。先ほどの白い布は脱いでしまったようだ。またもや金髪のカツラをつけている。今回のカツラは見事なお姫様調の縦ロールだ。

「ぷぷぷっ、バシャールのカツラ、キャンディ・キャンディのイライザみたいだ」

宇宙人と会うって怖いと思うこともあるけど、バシャールのユニークな演出でだいぶ和らいでいる。挨拶を交わ

すと、

バシャール　**よく来たね！　これから君に人類の歴史の話をするよ。**

とバシャールが言った。次の瞬間、空間にホログラムのような映像が出てきた。それを見ながらバシャールが説明を始めた。

バシャール　**人類は今まで4回滅びてきたんだよ。人間の歴史の一番目がレムリア文明で、それからアトランティス文明など他の文明が起こり、今の人類は五つ目なんだ。レムリアの頃の人間は、男性と女性の二つの性を持ち、完全版の意識を持っていた。**

私　**完全版の意識ですか？　ハイヤーマインドのような。**

バシャール　**そう。物質界にいながら100％ハイヤーマインドとつながり、ワンネスとつながる完全版のハートを持っていたんだ。**

確かにその頃の自分の記憶では、男女の区別はまだなく、最高の愛情を持って、最高の幸せを味わっていた気がする。

バシャール　**そうなんだ。レムリアの後のアトランティスになって、最初はレムリアの時代から生き延びた人間たちがいたから、争いもなく平和だった。だけどその時代、**

統合された意識が少しずつ分離して、コントラストができるようになったんだ。

私　コントラスト？

バシャール　もともと一つだったものが、二つにはっきりと分かれるようになったんだよ。性別は男性と女性の二つに分かれ、陰と陽、善と悪、白と黒は区別された。すると相反する二つのものは徐々にお互いをジャッジし合うようになり、対立が生まれ、戦争や紛争が起き、最後はお互いに殺し合って自滅してしまったんだよ。他の二つの文明でも最後には同じように自滅している。

私　じゃあ今の文明もそうなるの……？

バシャール　今の人類も同じ道を歩いていたんだけど、途中で、これじゃいけない、覚醒してもっと進化しなければ自滅してしまうって気がつき始めたんだ。それで自滅ではない道に歩み始めたのが今の時代なんだよ（次ページの図）。君たちはそのミッションを胸に抱いて生まれてきた人たちなんだ。

私　そうだったのか……。だけど、人間はもともとそんな高い意識を持っていたのに、なぜそれを忘れて自滅してきたんだい？

バシャール　この物質界の地球は、プラスとマイナスの相反する二つのものでできてるだろう？　その二極ある磁場の中で、どうやって統合の道を歩むかというのを実践しているんだ。だから人間はもともと地球がコントラストのある世界だってことを知りながら、この世に生まれてきているんだよ。

実践の結果、地球で生活するようになった最初のレムリアの頃は、ハイヤーマインドの高い意識を維持できていたんだけど、だんだんその磁場の世界に呑み込まれてしまって、輪廻転生を繰り返すうちにどんどん高い意識を忘れていったんだ。

でも今また、人類は、何かがおかしいということに気づき始めて、もうこういう生き方は変えなければと思い始めてるんだよ。

私　今の人類はそんなにすごいところにいるんだ？　生きてるとあまり実感がわかないけど……。

バシャール　今は人間の歴史の中でもものすごく特殊な時代なんだよ。こんなに物質も情報もエネルギーもあふれかえってるのは初めてなんだ。過去の文明だったら、その前に全部自滅して人間は一掃されてしまったからね。だから君たちは人類が今まで体験したことのない時代にいる。

ほかの星に住む私たちも、人類にこのまま自滅せずに進化の道を歩んでほしくてお手伝いをしているんだよ。

バシャールは人類の子孫？

私　私の夢の中にバシャールや他の宇宙人が出てくるのも、私たちのためってことか。君たちは、レムリア時代の人間のような高い意識を持っているのかい？

バシャール　そうだよ。私たちの種族は、地球人のようなコントラストを経験せずに、最初から高い意識を持って生まれてこられたんだ。

なぜコントラストを体験しなくて済むかというと、私たちを作ってくれたのが地球人だからなんだ。地球人はもう誰にも自分たちのような体験をしてほしくないという想いで、私たちを作ったんだよ。

私　ええ？　地球人？　バシャールって地球外生命体じゃなかったの？

ネブラン　私たちバシャールは他の星に住んでいるけど、パラレルワールドで今よりはるか未来に住む地球人が、遺伝子操作して作ったハイブリッド種なんだよ。

地球では文明が発達するにつれ、社会のシステムに組み込まれた女性たちがだんだん子どもを産めなくなってきて、何百年先の未来の女性はもうまったく子どもが作れない体になってしまったんだ。そこで、社会の維持のために感情を一切捨てたグレイ種を作ったけれど失敗したんだ。

このままでは人類が滅ぶというので、グレイ種となって他の星に生きている元地球人に、自分たちの魂を組み込んで作ったのが私たちなんだよ。

その時に人類は、私たちが人間のような失敗をせず、最初から飛び級できるように、ハイヤーマインド100％で生きられる種族にしたんだ。

私　じゃあこの前のグレイ種も本当に未来から来てたのか。未来から来てるってなんだか不思議な感じだけど……。

ネブラン　あの世には時間の制限はないからね。100％ハイヤーマインドとつながる私たちは、簡単にあの世にアクセスして、この世の時間と空間を軽々と超えることができるのさ。

私　そういうものなのかあ。面白い。

バシャール　君たちも進化したら、レゾレクションが起きるよ。

私　レゾレクション？　復活？　何の？

バシャール　ハイヤーマインドの意識の復活さ。君たちが今、ハートを取り戻してありのままの自分で生きることで、三次元と時間を合わせて四次元から五次元の世界へと進化するんだ。それがアセンションなんだよ。新しい世界では時間と空間が流動的に変えられるからワープみたいなことも可能になるんだ。

私　へえ。すごいな。どこでもドアもタイムマシンも使えるみたいなもんじゃないか！　本当にその道に進めるといいな。

バシャール　今の君たちはまだ感情がある。遅くはない。今からでもレムリアのハートを取り戻して、方向転換してほしい。

私　責任重大だなあ……でも少しでも自分ができることをやってみるよ。

バシャール　あっそうだ、君のハイブリッド・チルドレンを紹介するよ。

私　えっ？　ハイブリッド・チルドレン？

キーワードは母性

次の瞬間、宇宙船に4〜5歳くらいの小さな女の子が立っていた。スカートを穿いて手にうさぎのぬいぐるみを持っている。

女の子　**こんにちは！　私、ムーニーっていうの。あなたの娘よ。**

私　**え？　私の子ども？　ムーニーって月のこと？**

ムーニー　**あなたの遺伝子と、宇宙人の遺伝子が組み合わさってできた子なの。あのね、これからの地球にはもっと母性が必要なの！　男も女も、アメリカ人も日本人も関係ないけど、まずは日本からよ。お願い。母性を取り戻すお手伝いをして！**

ムーニーは「母性、母性」と連呼した。

気がつくと私たちは日本全体を見渡せるくらい高い場所に来ていた。そこにいる黄金の光を放つ女性が、「母性」と言っている。女性は立って手のひらをポンポン日本にあて、何やらヒーリングをしている感じだった。全体が光り輝いているのでよく見えないが、長い着物のようなものを着て、頭上に鏡のような丸い円をつけている。女性的でまさに母性の塊のようなエネルギーを感じる。

「あれって、天照大御神《あまてらすおおみかみ》……？」

次の瞬間、クリスタルがヒュンと私の胸めがけて飛んできて、びっくりして飛び起きた。

＊＊＊＊＊

新しい社会のコミュニティ

「すごかったなあ。バシャールが言ってたこと。だけど最後のムーニーの言ってたこと、何だったんだろう？　天照大御神様まで出てきて、日本と母性と何か関係あるんだろうか？」

ネブラン　これからの時代、分離から統合に進むために母性が必要だからさ。

私　ネブラン、どういうこと？

ネブラン　バシャールが言っていたように、二極のある地球のある中で、これまで男性性や父性というものが大きかったんだ。人間が生き残るためには戦争で戦ったり、社会に階級や組織を作って競うことが必要で、そういうのが得意だったのが男性だったから、男性性が大きい方がよかったわけさ。

でもこれまではあまりにもそっちに偏り過ぎていて、人を育てはぐくんだり、許して包み込む母性が薄れてしまったんだ。

私　だから、二極を統合するためにもっと母性を培う必要があるんだよ。

ネブラン　なるほどねえ。それで日本人っていうのは何か意味があるの？

私　日本人はもともと母性の強い国民性があったからね。それを今取り戻すといいんだ。ネイティブ・アメリカンと日本人って似てるっていわれるでしょ？

ネブラン　確かにすごく似てるところがあるよね。神様も唯一神じゃなくて、ネイティブ・アメリカンも日本も八百万《やおよろず》の神様だもんね。

私　日本でももともと、ネイティブ・アメリカンみたいな母性のあるコミュニティが形成されていたのさ。

ネブラン　ネイティブ・アメリカンのコミュニティかあ。小さな部族ごとにできてるものだよね。それで部族ごとに長《おさ》がいて、でも長が全権を持ってるわけじゃなく、みんなで話し合っていろんなことを決めて、調和がとれていた社会だったっていうよね。

私　そのネイティブ・アメリカンと一緒で、伝統的な日本の社会はトップダウン式の階級社会ではなく、それぞれ違った分野の人たちが横並びで連携していたんだよ。

ネブラン　これからの社会は、今のように国家に絶大な権力を持つ元首がいて、その下に部下がいて、というピラミッド形式では機能しなくなっていく。コミュニティ同士が横のつながりを持つような形式で運営されていくんだ。各コミュニティ間で横の連携が取れたら、それぞれの個性を生かしながらもうまく調和し、一つにまとまるということができていくんだよ。欧米社会のように、各組織が分断されて、連携が取れない社会だと統合ができにくいんだ。

私　確かにアメリカでは、会社でも仕事が細分化してて、他の部署とコミュニケーションすることもないから、部署ごとのアイデアを交換してブレンドするっていうことはないものなあ。それは日本の組織のほうが強いよね。

ネブラン　だからうまくいけば日本が新しいコミュニティ型社会のモデルケースを作れるはずなんだよ。

意識の浄化が大切

私　日本人が新しい時代を作っていったら、どんどん注目されて世界に広がるかもね。今だってアメリカでも日本人はとても評価されてるんだから。真面目で仕事はできるし、人柄もいい、会社が雇いたい人材ナンバーワンなんて言われるくらい。

ネブラン　でもさ、日本だと逆に、自分軸でワクワクを追って生きることに抵抗がありそうだよね。その点、アメリカはそれぞれ好きなことをやっても自由だし、人と違うことをしても許される。日本もこれからもっと、自分軸で生きることが許される社会になっていくといいんだけどな。

その通りだよ。だから人類の進化のためにも、日本人には勇気を持って1歩を踏み出してほしいんだ。

これからはそうやって日本人が率先しつつ、いろんな国の意識がいい感じにミックスして、お互いのいいとこ取りをしながら、世界全体が進化していくと思うよ。

私　人々が進化して覚醒したらどうなるんだろうなあ。何だかワクワクするな。

ネブラン　早く覚醒の道に進んでよ。災害予防のためにも。

私　災害予防？　なんでそこにつながるのさ？

ネブラン　まず、地球が物質的に汚染されていくと災害が増えるよね。過去にはそれで大災害で滅んだ文明もあるんだよ。そこで物質的な汚染を止めるのも大事だけど、

私　実は人間の意識が高くなって、精神的な浄化をすることも大事なんだ。

ネブラン　精神的な浄化？

私　人が意識を高くして100%のまっさらな自分に近づけば近づくほど、地球もきれいになっていくし、人の心が穏やかになればなるほど、気候も穏やかになっていくんだよ。

ネブラン　そういえばどんどん異常気象とか、大きな災害が増えているもんなあ。

私　もっと被害がひどくならないように、君たちに期待してるよ！

　ネブランとの会話が終わり、ふとベッドの横に光るものを見つけた。なぜかクリスタルが置いてある！　今までクリスタルなんて持ったこともなかったのに。ってことは、さっきの夢で飛んできたものか。きっとあの世からのサインに違いないと受け止めた。

私　よし、覚醒の道を進んでいくぞ。

　クリスタルを握りしめながらそう誓った。

私たちを見守るガイドとハイヤーマインド

ANOYO to TALK

＊＊＊明晰夢・お祝い＊＊＊

その日の夜も明晰夢の中で起きた。いつも通りトンネルの中に入ったけど、今回は長い。いくつものトンネルがどこまでも続いている。

「やれやれ、今回のトンネルはやけに長いな」

やっと出口の光が見えてきて安心した。よく見るとたくさんの人影のようなものがある。

ストン、とトンネルから飛び出て外を見て、それが何かやっとわかった。

私

あれ？　みんな、なんでここにいるの？

ネブランがまたたまご形をして立っている。その横には親友がいる。そして亡くなった祖父母、いつも見守ってくれていた伯母や親戚の男性、宇宙人のバシャールやエスター、カミナリおやじまで勢ぞろいだ。

みんな　**ハッピーバースデー！**

一斉にお祝いの言葉をかけられた。

私　**そういえば！　今日は私の誕生日だった！**

ずっといろんなことがありすぎて、自分の生まれた日のこともすっかり忘れていた。

子どもの頃から夢に出てきた伯母がほほ笑んだ。

伯母　**今年は誕生日に一人で過ごすことになってしまったでしょ？　寂しいんじゃないかと思ってみんなを連れてきたんだよ。**

すると親友も口を開いた。

親友　**いつもの年だったら君のところに行ってお祝いしてたのにな、もうそばにいることができなくて悪いな。**

私　**なんてサプライズなんだ……みんなありがとう！**

ガイドを指示するのはホンモノの自分

しばしみんなの顔を見て、再会を懐かしんでいると、ネブランが近寄ってきた。

ネブラン　あの世の学びは君には難しすぎるんじゃないかってずっと思ってたけど、今までよくがんばってきたね！　ガイドのみんなでお祝いできてよかったよ。

私　ガイド？　ここにいるみんなが？

ネブラン　そうさ。今いるのはハイヤーマインドが君の夢の中によこした人たちだけだけどね。君がまだ見てないガイドもいるよ。

私　ええ？　この人たち、というか存在たちは、みんな自分のハイヤーマインドがよこしてたんだ？

ネブラン　そうなんだ。私たちは君のハイヤーマインドの交換手みたいなものなんだよ。

私　交換手？

ネブラン　そう。君のハイヤーマインドが伝えたいことを、僕なら僕の、バシャールならバシャールのボキャブラリーで君に直接喋ってたんだ。

私　そうだったの？　じゃあ言ってたことは、君たちオリジナルじゃなくて、ただの通訳みたいな感じだったの？

ネブラン　正確には、ハイヤーマインドの気持ちでもあり、ガイドの気持ちでもあるから、話してる時はお互いの気持ちが一体になってるんだけどね。ハイヤーマインドがこの世の君たちに伝えたいメッセージがあるときに、一番共鳴するガイドを呼んでくるんだ。バシャールの話が響くって時はバシャール、親友の話がわかりやすいって時は親友、おばあちゃんの話が受け取りやすいならおばあちゃんっていうように、ハイヤーマインドが上から見て指示を出しているのさ。だから私たちが君の人生の歩みを妨げるようなことを話すことはない。たとえ君の将来がどうなるかわかっていても、ハイヤーマインドの指示で、言ってはいけないことは言わないようになってるんだ。

私　そうなのかあ。でもメッセージを伝えるのにガイドを挟むのはなぜ？　ハイヤーマインドが直接話をすればすむんじゃないの？

ネブラン　直接話したほうがいい時はそうするんだけど、ガイドがいたほうが君たちが受け取りやすいと思ったら、ガイドを通すのさ。人間に近いガイドなら話しやすいしね。それにハイヤーマインドは自分の分身でもあるから、同じ自分同士だと客観的に表現しにくいこともあるんだよ。
だからハイヤーマインドは絶対変わらないけど、ガイドはいろいろ変わることがあるんだ。

お別れの決心

私　すごいなあ。本当にたくさんの存在が守ってくれてるんだ……。

ネブラン　ただ、守ってくれるっていうことを勘違いしちゃだめだよ。現実に君たち人間が歩いてる道に大きな岩や小石がたくさん落ちていた時、石があることを知らせたり、拾い方を教えることはできても、それを拾って道をスムーズにしてあげることはできない。
そのメッセージを受け取るかどうかも、メッセージを聞いて実行するかも君たち本人にかかっている。どの道を進むのかも、何を選択するのかも、この世にいる君たち自身が決めることなんだよ。

私　わかったよ。ネブラン、自分が道になり、自分が答えになるよ。そして人生を楽しみながら、ハートを取り戻していくよ。

ネブラン　**うん、うん。よかった、安心したよ。もう君にわざわざ教えなくても大丈夫そうだ。これからは普通のガイドとして君のことを見守っているよ。**

私　**えっ？　ということは、もう今までみたいに話はできないの？　もうこの世ではコミュニケーションできないわけ？**

ネブラン　**大丈夫！　どんな人にもあの世からのサインは送られてる。自分の心に聞けばだれだってわかる。だからそれに気づけばいいのさ！**

私　**そうだね……これからはもっと自分の心に聞いていくよ。寂しいけど一人でがんばってみる。**

ネブラン　**まあ、きっとみんなまた夢の中に出てくるさ！　私もね。**

ネブランとお別れのハグをした。またネブランの温かなバイブレーションが伝わってきて安心した。

ネブランとの挨拶が終わると、祖父がニコニコほほ笑んで近づいてきた。

祖父　**ほら、あっちのトンネルにお行きなさい。**

私　**え？　トンネルって？**

祖父は私が通ったのと違うトンネルを指差した。

祖父　覚醒の道を進んで、新しい世の中に行くって決心したんだろう？　早くしないとトンネルが閉じてしまうよ！　ほら！

祖父はそう言って私をトンネルに突き落とした。

私　うわぁぁぁ！

まるで不思議の国のアリスが穴に落ちるみたいに、暗いトンネルをひたすら落ちていった。

＊＊＊＊＊

どこかに落ちたとたん、夢から覚めた。たどり着いた場所は自分のベッドの上だった。今回の明晰夢は今までよりもさらにはっきりした感覚があり、目が覚めてもまだ続きの中にいるような気分だった。

「あんなにはっきりしてて、とうてい夢だとは思えないな……」

まだ早朝のようで、外は真っ暗だった。でも確実にこれから夜明けがくる。

外はいつものように、シトシトと冷たい雨が降っている。でももう寂しくもなく、憂うつでもなかった。それどころかどこか楽しい気分でワクワクしている。だって、どんなときもたくさんの存在が見守ってくれているのを感じるから。

「ありがとう、ネブラン、ガイドのみんな、そしてハイヤーマインド！」

ベッドの脇には、ネブランと会話するようになってからこれまでの気づきが書かれたメモが置かれていた。いつの間にか、ネブランが現れるようになって7年の月日が経っていた。

世界は新しい時代へ向かっている

ANOYO to TALK

振り返ってみれば、この7年の間に、世の中はだいぶ新しく変化してきた。

アメリカも資本主義ではなく人間主義の社会になってきている。地元のコミュニティでも、お互いの得意なことを無理なくやりながら、助け合って生活するシステムが生まれている。例えばお医者さんに診てもらった時に、草取りで返すとか、要らないものを交換しあうとか、お金を通さない物やサービスの交換が始まり、だんだん地元の人たちの交流が進んで横の連携ができてきた。

日本の人たちの中にも、ワクワクすることをやって生きていくという覚悟を持った人たちがとても増えているように思う。

私自身も、7年の間に気づけばだいぶ新しい時代仕様になっていた。自分軸にダイヤルを定め、自分の心に添って動けるようになって、ずいぶんと気持ちが軽くなったし、楽観的に物事を捉えられるようになってきた。人の意見に左右されてぶれることがなくなってきたし、人をジャッジすることもなくなってきた。

それまでは何か問題があると、自分が被害者だと思ってしまっていたけど、その被害者フィルターをやめ、「全部自分で選んでブループリントを作ってきた」っていうフィルターに変えたら、みるみるうちにやる気が出てきて、やりたいことがやれるようになった。できることは何でもやってみようと思って、やってみたら、案外うまくいくってことがわかった。

どっちみちあの世に帰るんだし、せっかくこの世にバケーションに来てるんだからって思えたら、何でも楽しめるようになってきた。

何かあれば、へこたれてノックダウンされるときもあるけど、それも楽しむチャンスだってことが意識できるから、だんだん立ち直りも早くなってきた。

親友だけじゃなく、大切な人がこの世を去ることが何度かあったけど、あの世で会えると思ったら悲しさも寂しさも癒やされた。

電車に乗って妊婦さんが立っていても、他の人にどう思われようが気にせず席を譲ってあげられる自分がいた。

仕事でも、ワクワクすることをどんどん選べるようになった。新規プロジェクトが大当たりして社長賞も獲り、賞金もいただいた。一つ間違えれば首が飛んでたようなことも、職場のみんなにはやめとけと言われたけど自分を信じて実行した。ワクワクしてたから徹夜してもまったく眠くなかったし、寝ないでプレゼンしたけど、自分でも驚くほど説得力あるいい説明ができた。

ただ、その数年後、会社は円満退職した。新しい世の中のことをもっと自分の手で確かめたい、もっと知らないことを知りたいし、新しい発見をしたい！と心から思った結果だった。

独立の準備を進めているうちにとてもワクワクして、これが新しい世の中に向けた準備なんだと思えた。生活への不安も、自分軸が確立するとともに消えて、自分で生きていく力がわいてきた。

ほしいものがあったら、ワクワクしながらノートに書いて、時には絵を描いて枕下に置いて寝た。自転車でどこまでも走りたいとノートに書くと、自転車をクリスマスにもらった。空を飛びたい！ってノートに書いたら、飛行機のチケットをもらった。

お金だって恋愛だって何だって、ほしいものは必ず手に入るし、やりたいことは必ずできる、私たちはみんな好きなように暮らせるんだってことを心から信じられるようになって、どんどんいい流れが来て、願いが叶っていった。

ネブランとはあれからこの世では話ができなくなってしまったけど、たまに必要とあれば夢の中に出てきて、いろいろなことを教えてくれる。バシャールも親友も出てきてくれる。

時々、絵文字を使った変なメールがあの世から届くこともある。そのたびに、いつもみんなが見守ってくれることを思い出して、心が温かくなる。

気づきをメモしていたブログも、7年間一度も途切れることなく毎日続いている。ブログを通じて遠くに住む人たちとも交流が進み、一人ぼっちどころかどんどんにぎやかになっていった。

ある日、日本に住む20代の女性からこんなメッセージが届いた。

「高校生の時にあなたのブログを見て、とても励まされました。悩んでいたことに対する答えがありました。お陰で今私は幸せな結婚をして、二人の子どもに恵まれ、家庭生活をワクワク楽しんでいます！　新しい時代に向けて、私もワクワクしながら子どもを育てていきます」

「え〜！　ブログを始めた時に高校生だった子がもう二人の子持ちかあ。月日が流れるのは早いなあ」

彼女のメッセージには自分のSNSのアドレスが入っていた。せっかく教えてくれたことだし、どんな子なのか知りたくってアクセスしてみることにした。

「ワクワクしながら発信し続けただけで、いつの間にかメッセンジャーになれていたのかなあ」

なんて思いながら彼女のページを見て言葉を失った。

「あの時バシャールが見せてくれた、コードでつながれていた少女じゃないか！　じゃあ、あのコードってインターネットだったんだ？」

完

おわりに

親友が亡くなってから数か月ほど経ってから、本の出版の依頼が突然舞い込んできた。実は今まで何度か出版の依頼はあったのだけれど、なぜかいつもあまり気乗りがしなかったし、何だかんだタイミングが悪い感じがして断ってきていたのだ。でも今回は親友が背中を押してくれている感じがして、初めて自然に「よし、やってみるか」という気持ちになれた。

ある日、編集さんとの会議の際に、

「これ面白いので、機会があればぜひ読んでおいてくださいね」

と言われ、素晴らしい本の数々を教えてもらった。これから本を書く上でよい刺激になるから、ということらしい。外国や日本の本もあった。すぐに全部読めるような量ではなかったけど、どれも気になる題材で興味がそそられる。

その一つに、シャーリー・マクレーンの『アウト・オン・ア・リム』（角川書店）があった。すごく気になったので、初めにこの本を読んでみようと検索していたら、ドラマバージョンがあるではないか！　早速観てみることにした。

途中まで観ていると、ずいぶん前に一度観た記憶があることに気がついた。確かテレビで放送された時だ。その時は何も感じずに観ていたので、あまり印象は残っていなかった。でも当時は大変珍しいトピックだったので、マクレーンがどんな人物なのかちょっと気になってはいた。

ところが今回は、同じ話のはずなのに非常に面白く感じ、以前の印象とまったく違っていてびっくりした。自分の意識がそれだけ変わったってことだ！

後で友人の一人に『アウト・オン・ア・リム』が面白かったという話をしたら、なんとその友人は偶然にもマクレーンの大ファンで、日本語に翻訳した夫婦が訪米した際にもわざわざ会いに行ったという。

その友人が私にぜひ読んでもらいたいと言って、マクレーンの本をもう一冊紹介してくれた。『カミーノ―魂の旅路』（飛鳥新社）だ。マクレーンがスペインの巡礼路を歩み、精神世界を探求した旅のことが詳しく書かれているという。面白そうなので早速注文した。

届いた本は時間ができたら読むつもりで、本棚の一番上に置いておいた。こうしておいたらどこからでも目について、忘れないはず……。

そうは思いながらも、結構な月日が流れていったある日の午後、亡き親友の奥さんの紹介で、親友が大変お世話になったという美人看護師さんとランチをする機会があった。

慌ただしく支度をしていた時、ふと本棚に立てかけてあるマクレーンの本が目に留まった。「早く読んでね」と訴えかけているようにも見える。

うわぁ、それどころじゃない！　早く出ないと遅れる！　私は本を横目に家を出て、約束の場所まで急いだ。

美人看護師さんはとても素敵な女性で、ランチはとても楽しかった。親友の奥さんにとって彼女は〝命の恩人〟ともいえる、かけがえのない大切な友人だという。話の中で美人看護師さんは、眠る前に必ず本を読むのを習慣にしていると言っていた。それを聞いて「自分も本を読むのを習慣にしようかな」なんて思ったけれど、帰宅する頃にはすっかり忘れていた。

ところがその夜自宅で、本棚の横を通り過ぎようとした時、「バサッ!」と音がして目の前に何かが落ちてきた。「ひっ! 何!?」と驚いて落ちたものを見ると、マクレーンの本だった!

本棚はかなり奥行きがあって突然本が落ちてくる構造ではないし、今まで落ちてきたことだって一度もない。

そういえば……バシャールをチャネリングするダリル・アンカもエイブラハムをチャネリングするエスター・ヒックスも、それぞれ瞑想やスピリチュアル・リーダーの本が目の前に落ちてくる体験をし、それが「読みなさい」というガイドからのサインだと理解したという。

まさか自分にも彼らと同じ「読みなさい」サインがやってきたなんて! と、ちょっとワクワクした。

「これは素直に読むしかなさそうだな。寝室に持っていって寝る前に読もう」

そう思って寝室に行くまでとりあえずテレビ台に置いておいた。

ところが寝る頃には本のことはすっかり忘れてしまい、置きっぱなしにして寝室に行こうとしてしまった。

するとその瞬間、「バサッ!」とまたもや何かが落ちた音がした。後ろを振り向くと、マクレーンの本がテレビ台から床に落ちている!

「ひぃぃ――!! わかりました、読みます、読みます!」

そう言って床に落ちた本をつかみ、その晩から読みはじめることになった。

マクレーンの『カミーノ―魂の旅路』は今の自分と重なる感じがして、とても親近感を感じる作品だった。彼女の地球人生はレムリアからだったと記されていた。彼女がレムリア時代にいた頃、男性と女性の性は統合されて一つだったと書かれている。

「もしかしたらレムリア時代で彼女と一緒だったりして。彼女だけじゃない、今世で知り合った人たちとは、ひょっとしてどこかの時代で一緒だったのかもしれないな」

そんなことを考えていると、今までの人との出会いがとてつもなく尊いことのように思えてきた。

『カミーノ―魂の旅路』を読み終えて、なぜ今のタイミングでこの本を読むことになったのかがわかった感じがした。まさに今の自分だからこそ理解できる内容だったのだ。ちょっと前の自分にはきっと共感することもなかっただろうし、途中で読むのをやめてしまったと思う。

「自分にとってベストなことは、ベストなタイミングでやってくる」

ってバシャールが言っていたけど、人生にはシンクロが起きて、まさにベストなタイミングでベストなことが体験できるようになっている。

だから何も怖がることはないし、不安に思う必要だってない。

ワクワクでポジティブな自分でいれさえすれば、すべてが上手く運んでいくからね！

ザ プラネット フロム ネブラ

the Planet from Nebula（ザ プラネット フロム ネブラ）
アメリカ在住。精神世界の探検家。何度も生まれ変わった記憶を持つオールド・ソウル。過去世の人生や生まれた時の記憶が鮮明にあり、幼少の頃から頭の中でガイド（守護霊）といつも会話をしていた。人や地球の意識にアクセスして、相手の気持ちや体調の変化を察知したり、地球のエネルギーがどこに向かっているかを認識することができる。アメリカでネイティブ・アメリカンの聖地を訪れ、また数々の有名なスピリチュアル・リーダーたちと出会う。
ほぼ毎日見る明晰夢や現実で高次元の存在とコンタクトし、地球や日本と宇宙の神聖な意識の関係性についての理解を深め、未来を予想したり、必要なメッセージを受け取っている。

ブログ　https://ameblo.jp/viva-bashar/
DMMオンラインサロン　ポジティブ鉄道 地球行き

「あの世《よ》」とのおしゃべり

2019年２月１日　初版発行
2022年１月15日　３版発行

著者／the《ザ》 Planet《プラネット》 from《フロム》 Nebula《ネブラ》

発行者／青柳 昌行

発行／株式会社KADOKAWA
〒102-8177　東京都千代田区富士見2-13-3
電話 0570-002-301（ナビダイヤル）

印刷所／図書印刷株式会社

ISBN 978-4-04-602264-6　C0076